Hermann Hoernes

Über Fesselballonstationen und deren Ersatz im Land- und Seekrieg

Hermann Hoernes

Über Fesselballonstationen und deren Ersatz im Land- und Seekrieg

ISBN/EAN: 9783743614314

Hergestellt in Europa, USA, Kanada, Australien, Japan

Cover: Foto ©ninafisch / pixelio.de

Weitere Bücher finden Sie auf **www.hansebooks.com**

UEBER

FESSELBALLON-STATIONEN

UND DEREN

ERSATZ IM LAND- UND SEEKRIEGE.

MIT 6 FIGUREN IM TEXTE.

—

EINE STUDIE

VON

HERMANN HOERNES

K. U. K. HAUPTMANN IM EISENBAHN- UND TELEGRAPHEN-REGIMENTE

WIEN, 1892.

VERLAGSANSTALT ·REICHSWEHR«.

BUCHDRUCKEREI „REICHSWEHR" G. DAVID & A. KEISS.

VORWORT.

Wer sich heute über Fragen der Luftschifffahrt militärischer Natur orientiren will, findet kein Buch, welches ihm ein klares Bild über den gegenwärtigen Stand derselben geben könnte.

Das in mehr als einer Hinsicht ausgezeichnete im Jahre 1886 erschienene, Handbuch der Luftschifffahrt vom Premierlieutenant, jetzt Hauptmann Hermann Moedebeck, ist gerade, was die Fessel-Stationen im Kriege anbelangt, veraltet, was wohl am deutlichsten für den grossen Fortschritt, des hier erörterten Gegenstandes spricht.

Wohl finden sich hie und da in Zeitschriften dieses Thema behandelnde Artikel, aber da stets nur einzelne Bruchstücke besprochen werden, so fehlt der Zusammenhang und stellt sich das Bedürfnis nach abgeschlossenen und vergleichenden Studien über den wichtigsten Theil der Militär-Aëronautik mit jedem Tage wünschenswerther dar.

Diese Gründe bewogen mich, vorliegende Schrift der Oeffentlichkeit zu übergeben. Sie soll nicht so sehr die Neugierde befriedigen, wie es heute um die militärische Luftschiffahrt bestellt sei, als vielmehr in grossen Zügen über Fessel-Stationen im Land- und

1*

Seekriege Aufschluss ertheilen. Dieses ist nach meiner Meinung schon deshalb wünschenswerth, weil ja die heutigen Fesselballons sich als eine technische Errungenschaft zeigen, welche wie alle übrigen derartigen Disciplinen, der Weiterbildung und Vervollkommnung bedürfen.

Daran sollen aber nicht nur Wenige, direct Betheiligte arbeiten. Das Problem, welches die Armee stellt, ist ein so grosses, dass es des Studiums der gesammten technischen Welt werth erscheint.

Ich betrachte den Fesselballon in einem Uebergangsstadium zu etwas viel besser Verwendbarem begriffen. Aber diese Stufen müssen erklommen, diese Studien sowohl von technischer, wie auch von militärischer Seite gemacht werden, damit endlich wirklich Brauchbares zum Vorschein komme.

Dazu bedarf es der genauesten Orientirung über das bereits Bestehende, was diese Zeilen — soweit es thunlich erschien — zu fördern bestimmt sind.

Wien, im März 1892.

Der Verfasser.

EINLEITUNG.

Die Schlachten der Zukunft werden mit Völker-
heeren unter dem Zeichen der kleinkalibrigen Repetir-
gewehre und des rauchschwachen Pulvers geschlagen
werden.

Alle Mittel der Technik treten in den Dienst des
Krieges und die Wohlfahrt des Staates verlangt, dass
jedem Zweige der Kriegstechnik vollste Aufmerksamkeit
zugewendet werde.

Wir sind in diesem Punkte schon so weit gekommen,
dass wir uns heute nicht mehr damit begnügen können,
alles Dagewesene kritisch zu sichten und das Beste
auszuwählen, sondern es heisst erwägen, welche Er-
rungenschaften der Technik wir uns in der Zukunft
nutzbar machen könnten.

Dies sind die intellectuellen Gründe, welche die
Franzosen bewogen den Ballon, der schon einmal zu
Ende des vorigen Jahrhunderts eine Rolle spielte, neuer-
dings zu verwerthen.

Dem Beispiele der Franzosen folgten sehr schnell die
Engländer, im Jahre 1884 die Deutschen, 1885 die Italiener
und bald die Russen. Auch sämmtliche Mittelstaaten
Europas verfügen gegenwärtig über militärisch ausge-
bildete Luftschiffertruppen.

Es ist wohl merkwürdig, wie verschieden man oft
die Thätigkeit des Fesselballons beurtheilt.

Geschähe dies immer von berufener Seite, so müsste
man annehmen, dass in den eigenthümlichen Verhältnissen

des Ballons selbst die Schuld liege : dem ist aber nicht so, der Grund liegt vielmehr darin, dass über die Zweckmässigkeit der Fessel-Stationen sich leider Jedermann ein Urtheil anmasst.

Das Ding an sich erscheint dem Laien sehr einfach. Eine mit Gas gefüllte Blase steigt an einem Seile empor, oben angelangt, stellt der der Sache Unkundige sich vor, müsse man den ganzen Terrain mit Einschluss all' seiner Bedeckungen auf meilenweite Entfernungen genau überblicken.

Wenn aber, hervorgebracht durch das Ungewohnte des Ganzen, die Blicke nicht gleich das gewünschte Ziel entdecken, wenn der Ballon im Winde schaukelt und der Beobachtende das Glas nicht wie auf einem hohen Berge gebrauchen kann, wenn er nun gar noch den zum Ganzen nöthigen Apparat sieht, so ist das Urtheil schnell gefällt, es heisst: der Fesselballon taugt nichts, oder nur höchst selten zu etwas, — er sei der für ihn verausgabten Geldopfer nicht werth etc. etc.

Dass aber das Beobachten von der stets schwankenden Ballongondel aus ebenso erlernt werden müsse, wie das Beobachten aus dem ebenfalls stets schwankenden Mastkorbe eines Schiffes, dass man von dem Fesselballone nicht Wunder, sondern nur ein gewisses Maass von Aufklärung verlangen könne, dass er auch nicht immer und überall verwendet werden könne, daran wird meist nicht gedacht.

Am allerwenigsten aber daran, dass der Ballon das moralische Element der Truppe hebt und ob mit Recht oder Unrecht im Falle seiner Nichtbenützung bei einer Niederlage man sich des Vorwurfes nicht erwehren könnte, eines jener modernen Mittel zum Siege ausser Acht gelassen zu haben, welches von fast allen Staaten Europas in neuester Zeit mit besonderer Vorliebe cultivirt wird.

Daten über die Verwendbarkeit des Fessel-ballons.

Mittelst eines Fesselballons ist es möglich, eine Höhe bis zu 600 Metern in circa 8—10 Minuten zu ersteigen. Mit Hilfe der transportablen Dampfwinde ist eine Aenderung der Höhenlage des Ballons leicht und schnell auszuführen. Auch eine horizontale Ortsveränderung ist im Tempo des gewöhnlichen Fussmarsches meist leicht zu bewerkstelligen.

Die Fessel-Station kundschaftet, hinter der Gefechts-linie situirt, die Verhältnisse beim Gegner aus und gibt nebstbei dem Truppenführer ein deutliches Bild von der Vertheilung der eigenen Truppen.

Der im Korbe des Ballons beobachtende General-stabsofficier gewinnt also nicht nur einen klaren Ueber-blick der Stellung der eigenen Truppen und Nachbar-truppen, sondern er ist auch in der Lage, den vor ihm befindlichen Terrain, den er wohl schon aus der Karte kennt, noch genauer zu studiren, und vor Allem dessen Besetzung mit feindlichen Streitkräften zu überblicken.

Weiters kann er die im Anmarsche befindlichen Truppen und Trains, sofern diese sich nicht unter dem Schutze ausgedehnter Bedeckungen befinden, anzeigen.

Der beobachtende Generalstabsofficier kann der eigenen Artillerie schnell und sicher mittelst des mit jedem Fesselballone in Verbindung stehenden Telephons, Nachrichten über die Wirkung ihres Feuers zukommen lassen und ihnen neue Ziele bekanntgeben.

Ueber die Beobachtungen vom Fesselballone aus entnehme ich den „Neuen militärischen Blättern", 19. Jahrgang, Heft 2, einem vom Lieutenant Kiefer der königlich bayerischen Luftschiffer-Abtheilung verfassten Aufsatze, „Die Anwendung des Fesselballons" betitelt, Nachstehendes:

„Für die Beurtheilung des Ausblickes aus dem Ballone haben sich nach längerer Beobachtung folgende Anhaltspunkte ergeben :

In der guten Jahreszeit Mai bis Ende Oktober, also in der Periode, in welcher sich auch gewöhnlich die Actionen des grossen Krieges abspielen, kann mit einem sehr guten Glase, wie es die heutige Optik für derartige Zwecke liefert, bei guter Witterung und mit der Sonne im Rücken oder zur Seite bis auf 15 Km. deutlich gesehen werden, und das mit einer Häufigkeit bis zu 70 Percent.

Diese Deutlichkeit steigert sich in sehr vielen Fällen so sehr. — immer ein sehr gutes Glas vorausgesetzt — dass auf diese Entfernung noch Farben an den Uniformen zu unterscheiden sind.

Sicher aber können, wenn überhaupt das Sehvermögen so weit reicht, die Waffengattungen auch unschwer erkannt werden.

Der Sonne direct entgegen und dazu bei niedrigem Stande sinkt die Beobachtungsgrenze unter sonst guten Verhältnissen bis auf 7 Km. herunter, nimmt aber zu mit der Höhe der Sonne, so dass im Hochsommer um die Mittagszeit nach allen Richtungen fast gleich gut zu beobachten ist. — Landregen schränkt bei vorgeschrittener Tageszeit (9—3 Uhr) den Ausblick bis auf 3 Km. ein, gewöhnlicher starker Dunst auf 6 Km.

Kurz nach einem längeren Regen oder nach einem
Gewitter wächst der Ausblick bedeutend und erreicht
trotz ganz bedeckten Himmels meist die obige für gute
Beleuchtung angegebene Grenze von 15 Km. Kommt
noch helles Sonnenlicht hinzu, so wächst die Beobachtungsgrenze bis auf 25 Km.

Diese Erscheinung ist allerdings von zu geringer
Häufigkeit, als dass mit ihr gerechnet werden könnte

Ein weiterer Factor beim Gebrauche des Fesselballons ist der Wind. Bei ruhiger Luft vermag sich ein
entsprechend construirter Fesselballon auf 600 Meter an-
standslos zu halten, mit zunehmender Windstärke muss
er immer tiefer gehen und erreicht bei einer Windgeschwindigkeit von 7—8 Metern in der Secunde in einer
Beobachtungshöhe von 100 Metern das Ende seiner
Leistungen.

Es ist aber zu bedenken, dass 8 Meter Windgeschwindigkeit im Sommer auf längere Dauer als 1—2 Stunden
höchst selten eintritt, wenn nicht überhaupt schlechtes
Wetter herrscht.

Nebenbei sei bemerkt, dass das Schwanken des
Ballons für den Beobachter von keinerlei störendem
Einflusse ist, wenn derselbe im Beobachten vom Ballon
aus geübt ist. Die mit dem Ballon eben erst bekannt
gewordene oder noch wenig vertraute Persönlichkeit wird
in diesem Punkte allerdings ein sehr grosses Hindernis
für eine vortheilhafte Beobachtung finden."

Von Officieren, welche gut zu beobachten verstehen.
können also unter günstigen Verhältnissen aus der Gondel
des Ballons die im Anmarsche befindlichen Streitkräfte auf
die Entfernung bis zu 15 Km. noch gut gesehen werden.

Es erlaubt dies dem eigenen Heerführer, noch rechtzeitig Gegenoperationen zu unternehmen.

Wie von selbst sieht man daraus, dass es sehr oft wünschenswerth erscheinen wird den Fesselballon in der Flanke zu situiren.

Nimmt man den Aufmarsch-Raum eines Corps im Gefechte, wie üblich, mit 4—5 Km. an, so übersieht der Corps-Commandant alle seine Truppen nicht mehr wie bisher nur mit dem geistigen Auge, sondern, wenn er sich der Mühe des Aufsteigens unterzieht, auch in Wirklichkeit. Freilich wird der Corpscommandant selbst nur selten aufsteigen, aber er wird hiezu einen seiner Generalstabs-officiere delegiren, der mit Hilfe des Telephons sofort jede gemachte Wahrnehmung nach unten bekanntgibt.

Der Beobachter erblickt, w e n n e r a u s d e m B a l l o n e z u b e o b a c h t e n g e l e r n t h a t, die ganze Gefechtslinie, den augenblicklichen Stand der eigenen Reserven etc., und wie auf einem Plane liegt nun die Gegend vor seinen Blicken, mit all' ihren Bedeckungen, den Ortschaften, Flüssen, Wäldern und Feldern etc.

Jetzt, wo man noch ausserdem mit dem r a u c h - s c h w a c h e n Pulver zu rechnen hat, sieht er auch die Aufstellung der feindlichen Gefechtstruppen und ihre Reserven.

Welcher Vortheil gegen früher, wo die Cavallerie-Patrouillen stundenlang reiten mussten, ehe sie Meldungen bringen konnten und wenn selbe endlich gebracht wurden, oft schon veraltet waren!

Freilich wird sich auch der Feind des Ballons bedienen, auch er wird Einsicht in unsere Stellungen bekommen — aber eben dieser Umstand zwingt uns nun doppelt, die Vortheile der Ballonbeobachtung selbst auszunützen.

Ausser zur Beobachtung der eigenen und feindlichen

Truppen, sowie des Terrains, dient die Fesselstation auch
zur C o r r e c t i o n   v o n   S c h ü s s e n, in welcher Hinsicht
sowohl in Deutschland als auch in Franreich, England,
Russland und Italien jährlich eingehende Versuche angestellt
werden.

Endlich wird sie zum Geben o p t i s c h e r S i g n a l e
verwendet.

Ohne näher auf alle besagten Capiteln einzugehen,
sei es mir nur noch gestattet, aus meinem vor drei
Jahren geschriebenen Aufsatze: „Der gegenwärtige Stand
der Militär-Aeronautik" *) Nachfolgendes anzuführen:
„Um ein richtiges Bild von der Verwendung des Fesselballons in künftigen Kriegen zu erhalten, darf man sich
nicht etwa vorstellen, dass e i n Ballon allein am Be-
ginne der Schlacht aufsteige und fortgesetzte Beobachtungen
mache.

Das ist bei der Ausdehnung, welche unsere modernen
Heere haben, und bei den heutigen Feuerwaffen nicht möglich.

Von e i n e m Ballone allein könnte man weder w e i t
noch l a n g genug sehen.

In künftigen Kriegen wird hinter der Gefechtslinie
eine Reihe von Fesselballons emporsteigen, nach 20 bis
30 Minuten langen Beobachtungen verschwinden, um an
anderen Punkten wieder unvermuthet aufzutauchen.

In der Zeit des rauchschwachen Pulvers, wo sonstige
Recognoscirungs-Mittel noch schwerer als ehedem zum Ziele
führen, wird der Ballon, systematisch und geschickt verwendet, zu einem neuen, werthvollen Recognoscirungs-
Mittel werden, umsomehr, als auch mit der fortschreiten-

*) Erschienen im Organe des militär-wissenschaftlichen Vereines
XLI. Band, Seite 101—136. Darin wurden auch die militärisch-aëro-
nautischen Bestrebungen der einzelnen Heeresverwaltungen bis 1889
eingehend beschrieben.

den Vollendung der Handfeuerwaffen die Benützung von
Deckungen künstlicher Natur an Bedeutung gewinnt.

Aber gerade die zunehmende Leistungsfähigkeit der
Handfeuerwaffen bedingt wieder die grössten Gefahren
für die Ballons und ruft uns erneuert ins Gedächtnis, dass der
Ballon eben n u r e i n e s j e n e r M i t t e l i s t, welches
den Zweck hat, gegnerische Massnahmen auszukund-
schaften, und dass einen absolut sicheren Erfolg k e i n
Recognoscirungs-Mittel garantiren könne.'

Militärische Anforderungen an eine Fessel-Station.

Nun frägt es sich: Welche Anforderungen stellt die moderne Heeresleitung an den Fesselballon und inwiefern ist er befähigt, diesen Anforderungen zu entsprechen?

In erster Richtung soll der Ballon schnell dort, wo er benöthigt wird, in Verwendung gebracht werden können.
— er soll möglichst compendiös sein, um die Marschcolonne nicht unnöthig zu verlängern, möglichst lange im Dienste bleiben und, einmal kampfunfähig gemacht, schnell wieder hergestellt werden können.

Betrachten wir diese Momente einzeln näher, so ergibt sich Folgendes:

Die Verwendung einer Fessel-Station hängt ab:

1. von ihrem Systeme,

2. von ihrer Eintheilung in die Truppencolonne,

3. von der Geschicklichkeit der Beobachter, und

4. von der Zeit, dem Orte und den äusseren Verhältnissen.

Ad. 1. Wir unterscheiden gegenwärtig folgende Systeme:

a) das französische (mit nasser und trockener Wasserstoffgas-Erzeugung im Felde).

b) das englische (Mitführen von comprimirtem Gase),

c) Montgolfièren (Warmluftballons),

d) Captivschrauben (ohne Ballons).

Das Wesen derselben, ihre Vor- und Nachtheile etc. behalte ich mir vor, später auseinanderzusetzen.

Eng verbunden mit dem Systeme ist die Forderung nach möglichster Compendiosität des Ballonmaterials. Je leichter und kleiner es ist, desto schneller kann mit demselben hantirt werden.

In dieser Richtung frägt es sich, wieviel Personen mit dem Fesselballone auffahren sollen und ob er nur auf den Hauptstrassen bleiben oder den Truppen in den Terrain mitfolgen soll?

In ersterer Beziehung sehen wir, dass die Engländer sich mit einem Beobachter im Korbe begnügen, die Franzosen und Italiener mit zwei, die Russen aber (soweit meine Nachrichten reichen) drei Beobachter im Korbe verlangen.

Lassen wir uns in ein Kriterium dieses Gegenstandes ein, so sehen wir, dass das Materiale umso schwerer werden muss, je mehr Personen aufsteigen.

Diesem Nachtheile aber steht der Vortheil gegenüber, dass vier Augen mehr als zwei, und sechs mehr als vier sehen.

Dass man Leute von grösserem Körpergewichte vom Aufsteigen ausschliessen solle, um an Gas zu sparen, wie es auch vorgeschlagen wurde, ist unbegründet; in die Gondel gehören Männer, die ihr Fach verstehen und zu beobachten gelernt haben, auf einige Kilogramme mehr oder weniger kommt es nicht an.

Ich glaube, dass Ballons für zwei Personen gebaut, am besten entsprechen werden.

Unbedingt zu fordern ist vom Ballone, dass er überall nachfolgen könne, wo Artillerie hinkommt, und dass er die Truppencolonne nicht übermässig verlängere.

Diese Punkte sind für den Ballontechniker von Wichtigkeit.

Die Forderung im Feldkriege zwei Personen hochzunehmen, bestimmt die Minimalgrösse des Ballons.

Nachdem man zur Füllung desselben jenes Gas nimmt, welches das leichteste ist, also den grössten Auftrieb besitzt, nämlich Wasserstoffgas, so hat man dadurch bei gleich grosser Arbeitsleistung jene Kraft zur Verfügung, welche ein Minimum an todtem mitzuführenden Materialgewichte repräsentirt.

Was also die Forderung nach möglichster Compendiosität des Ballontrains anbelangt, so hängt dies ausser mit dem Systeme noch damit zusammen, wieviel Personen man hochlassen will und welche Tragkraft man verwendet

Ad. 2. Es frägt sich nun, wo man den Ballon im Marsche eintheilen soll?

Soviel mir bekannt ist, wurde darüber noch Nichts veröffentlicht. Damit er möglichst bald in Action treten könne, müsste er bei einem Angriffsmarsche so weit als thunlichst vorne, beim Rückzugsmarsche möglichst weit an der Queue eingetheilt werden.

Der Ballon soll bei einem Zusammentreffen mit dem Feinde einerseits möglichst bald in Thätigkeit treten, andererseits aber seine Steigkraft nicht kleiner Rencontre-Gefechte wegen unnütz verbrauchen.

Daraus folgt, dass er nicht bei dem Vortrabe oder bei der Vorpatrouille einzutheilen ist, sondern erst dann in Verwendung treten soll, wenn das Gefecht eine gewisse Hartnäckigkeit erwarten lässt, wenn also die Vorhutreserve einzugreifen genöthigt ist.

Vergegenwärtigen wir uns die Vorhut eines im Ge-
fechtsmarsche befindlichen Armeecorps, so haben wir:

Vorpatrouille:

Eine Halb-Compagnie Infanterie mit
einer Ausdehnung von . . . . . . 50 Schritte

Distanz vom Vortrabe 1000 Schritte

Vortrab:

Regiments-Pionnier-Abtheilung mit drei
einhalb Compagnien . . . . . . 450 Schritte

Distanz von der Vorhutreserve 2000 Schritte

Vorhutreserve:

Pionnier-Compagnie mit sämmtlichen
Requisitenwagen . . . . . . 205 Schritte

Distanz . 25 Schritte

Ein Bataillon Infanterie und die Regi-
mentsmusik . . . . 480 Schritte

Distanz 50 Schritte

Divisions-Artillerie . 1324 Schritte

Distanz . 50 Schritte

Rest des Infanterie-Regimentes (zwei
Bataillone) . . . . 1180 Schritte

Vorhut-Brückentrain . 63 „

Eine Hilfsplatz-Abtheilung . 90 „

Fesselballon . . . . 80 Schritte

Distanz von der Haupttruppe . . 2500 „

Der Fesselballon erscheint nach dieser Eintheilung
circa 2500 Schritte von der Tête der Haupttruppe und
7000 Schritte von der Vorpatrouille entfernt.

Angenommen also, es müsste die Hauptkraft der Vorhutreserve in Thätigkeit treten, so hätte auch gleichzeitig der Befehl zum Klarmachen der Ballonstation zu erfolgen.

Bis dieselbe den Aufstellungsplatz erreicht hat, gefüllt und gefechtsbereit ist, dürfte immerhin eine halbe bis eine Stunde vergehen; von da an wird man die ersten Meldungen vom Fesselballon erhalten.

Nach dieser Zeit ist aber auch schon der Corpscommandant mit seinem Stabe und das zweite Infanterie-Regiment am Gefechtsplatze angelangt, die Corps-Artillerie eben im Aufahren begriffen.

Auf die Gruppirung und Aufstellung dieser letzteren sowie der Queue-Brigade der ersten Division und aller folgenden Truppen könnte er bereits Einfluss nehmen.

Es war nöthig, an einem concreten Fall die Situation des Ballons zu demonstriren, weil alles Andere viel zu unbestimmte Formen aufweist und kein klares Urtheil zulässt.

Gewiss wäre es von grossem Interesse, Fessel-Stationen bei einzelnen Schlachten der Vergangenheit zu substituiren, um zu ersehen, was ein Ballon geleistet hätte, wenn man über einen solchen verfügt hätte.

Der vorerwähnte Aufsatz von Kiefer beleuchtet die Einleitungsschlachten des deutsch-französischen Feldzuges 1870/71 in dieser Weise sehr interessant und lesenswert.

Ad. 3. Der Vollständigkeit halber wäre hier auf die taktisch richtige Verwendung · des Ballons hinzuweisen. Er muss je nach der Gefechtslage dort, wo er am meisten Erfolg zu haben verspricht, also wo er am meisten sehen wird, hochgelassen werden. Er darf nicht zum Schlachtenbummler herabsinken, sondern muss stets in innigstem Contakte mit den Commandanten stehen.

Der Generalstabsofficier weist den Platz an, wo er hochzugehen hat: dem **Generalstabsofficier obliegt auch die Beobachtung vom Ballone aus**, der **Commandant der Fesselstation ordnet die technische Durchführung des erhaltenen militärischen Befehles an.**

Deswegen ist auch von dem hiezu berufenen Generalstabsofficier zu fordern, dass er völlig vertraut mit den eigenthümlichen Bewegungen des Ballons sei, dass er aus demselben gewandt zu recognosciren verstehe. Der Ausblick von solchen Höhen soll ihm nichts Neues sein. Er muss auch vom Ballone aus die taktische Situation rasch erfassen können und darf sein Urtheil durch das Ungewohnte des Ganzen nicht trüben lassen. Daraus folgt, dass man einer grösseren Anzahl von Generalstabsofficieren schon im Frieden zu wiederholtenmalen Gelegenheit geben sollte, ausgedehnte Ballonbeobachtungen zu machen. Der Ballon soll bei keinem Corpsmanöver fehlen, und das wohl zumeist, um Gelegenheit zu Recognoscirungs-Uebungen zu bieten.

Von dem Commandanten der Fessel-Abtheilung ausser seiner vielfachen technischen Verwendung auch noch den gesammten Ballon-Beobachtungsdienst zu verlangen, hiesse sich gegen das Princip von der **Theilung der Arbeit** versündigen. Das ist auch nicht sein **Fach** — hiezu ist ausschliesslich der Generalstabsofficier berufen. Anders verhält es sich mit freien Ballonfahrten.

Die Arbeitstheilung ist folgende:

Von den beiden Aufsteigenden beobachtet der Eine, handhabt die Karte und das Glas, dies fällt dem Generalstabsofficier zu, der Andere regulirt das Höhersteigen und Tieferlassen des Ballons und übermittelt eventuell die Nachricht telephonisch; das obliegt dem Aëronauten.

Ad. 4. Eine weitere militärische Anforderung besteht darin, den Fesselballon möglichst lange im Dienste zu erhalten. Dies hängt davon ab, wie lange er sein Gas hält, also von der Gasdichte der Hülle.

In dieser Hinsicht ist bekannt, dass ein gefirnisster Fesselballon innerhalb 24stündigem Verweilens in bewegter Luft circa 10 bis 20 Percent seiner Füllung verliert. Ein Ballon von 540 m³ Gehalt wird also nach sechs bis acht Tagen seine gesammte Füllung erneuern müssen.

Ein anderes Moment, das hier in die Wagschale fällt, ist der Wind. Bei acht, im Maximum zehn Meter Geschwindigkeit per Secunde functionirt der mittelgrosse Ballon nicht mehr, er wird von ihm in wilden Stössen zur Erde geschleudert, um dann gleich wieder empor zu schnellen. Ausser der grossen Gefährlichkeit spielt dabei auch die Unmöglichkeit, verlässliche Beobachtungen zu machen, eine entscheidende Rolle.

Gewiss ist es von hohem Interesse, die Stärke der Windgeschwindigkeiten in den Höhen, in denen sich der Fesselballon aufhalten soll, etwas näher zu studiren.

Zu meinem grössten Bedauern bemerke ich, dass über diesen Punkt nur sehr wenige verlässliche Daten existiren. In Paris sind auf dem Eiffelthurme eine Reihe von Beobachtungen angestellt worden, welche das grösste Interesse der Meteorologen in Anspruch nehmen. In Berlin werden gegenwärtig mit einem Fesselballone ,Meteor‘, welcher Eigenthum des deutschen Vereines zur Förderung der Luftschifffahrt ist und bis zu 800 Meter selbstregistrirende meteorologische Instrumente in die Höhe nimmt, Beobachtungen angestellt, über die leider — sie sind erst seit Kurzem im Gange — noch sehr wenig veröffentlicht werden konnte.

2*

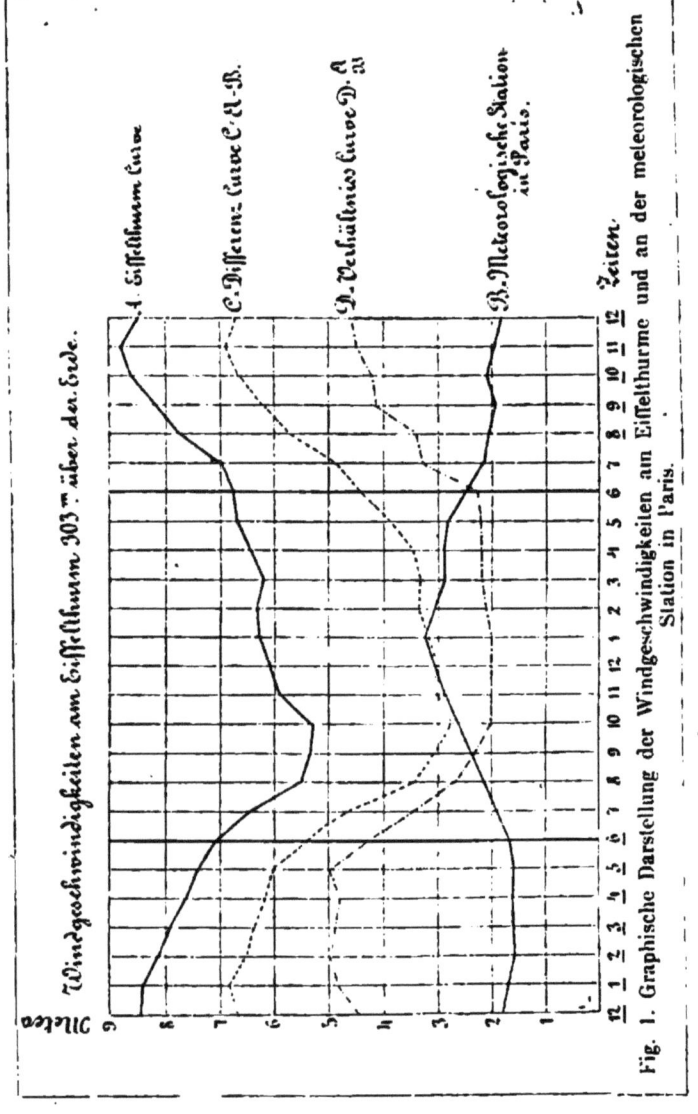

Fig. 1. Graphische Darstellung der Windgeschwindigkeiten am Eiffelthurme und an der meteorologischen Station in Paris.

Ich kann also hier nur die Resultate einer Reihe von Beobachtungen auf dem Eiffelthurme benützen, deren Richtigkeit allerdings Beobachtungen auf den Berggipfeln bestätigen.

Diese Beobachtungen lehren uns nun, dass nach einem Mittel von 101 Sommertagen der Wind in 303 Meter Höhe eine Durchschnittsgeschwindigkeit von 7·5 Meter habe. In der vorstehenden Figur stellte ich die Resultate auf graphische Weise übersichtlich dar. Das Minimum erreicht der Wind um 10 Uhr Vormittags mit circa 5·4 Meter, das Maximum um 1 Uhr Nachts mit 8·75 Meter.

Aus der Fig. 1 ist auch zu ersehen, um wieviel der Wind in der Höhe des Eiffelthurmes stärker weht, als auf dem Beobachtungspunkte der meteorologischen Station in Paris, welche sich ca. 27 Meter über der Seine befindet, und wie wie gross die Differenz der beiden Windgeschwindigkeiten ist.

Für die Verwendung der Fesselballons ist der Umstand günstig, dass, wie aus dem Graphicon zu ersehen ist, in den Höhen die Windgeschwindigkeiten bei Tage bedeutend schwächer sind, als in den Nachtstunden; gerade umgekehrt wie über dem Erdboden. Die weiteren Consequenzen ergeben sich bei einem eingehenden Studium obiger Figur von selbst.

Im Uebrigen sei noch bemerkt, dass ich selbst bei mehreren Ballonfahrten Gelegenheit hatte zu constatiren, dass der Wind zeitweise in grösseren Höhen eine bedeutend kleinere Geschwindigkeit hatte als auf der Erdoberfläche. Das letzte Wort in dieser Frage ist also bei weitem noch nicht gesprochen.

Ausser durch den Wind kann der Ballon noch durch Beschiessen kampfunfähig gemacht werden.

Ueber das Beschiessen von Ballons.

Was die Gefährdung des Ballons durch Artillerie- und Infanteriefeuer betrifft, so kann als feststehend betrachtet werden, dass der Ballon, wenn er sich länger in der Höhe halten soll, mindestens 2500 Meter von der Infanterielinie und fünf Kilometer von der Artillerie entfernt bleiben muss.

In allen Staaten werden diesbezüglich eingehende Versuche angestellt. So fanden auch, wie der russische „Invalide" mittheilte, am 13., 25. Juli 1890 im Lager Ust-Ishora in Russland Schiessversuche gegen einen Fesselballon statt, deren interessante Daten folgen: Der Ballon wurde von drei Kabeln, deren jedes 600 Fuss lang war, gehalten; im Korbe befanden sich die Luftschiffer vorstellenden Puppen. Es feuerten dagegen vier leichte Geschütze der 3. Batterie der 23. Artillerie-Brigade auf 4500 Schritt Entfernung. Das Shrapnelfeuer wurde durch einen einen Kilometer vorwärts und links von der Batterie befindlichen und mit ihr telephonisch verbundenen Beobachter corrigirt. Die Kabel wurden durch drei genügend seitwärts gestellte Leute gehalten.

Höhe und Aufstellung des Ballons konnten durch letztere geändert werden. Die Luft war sehr ruhig und der Ballon bot am Horizonte ein sehr ruhiges, fast unbewegliches Ziel. Das Einschiessen war nach dem zehnten Schusse erfolgt, von da ab wurde Salvenfeuer abgegeben.

Nach der fünften Salve begann der Ballon langsam zu fallen, die sechste Salve erreichte ihn nicht mehr. Im Ganzen waren 34 Schuss abgegeben worden.

Der Ballon hatte fünf, etwa einen Quadratfuss grosse Löcher von den Splittern und 24 durch Shrapnelkugeln entstandene kleine, die meist in der oberen Kalotte lagen. Der Manequin war nur von einer einzigen Kugel getroffen. Man stellte dabei fest, dass die Reparatur des Ballons durch drei Schneider nicht mehr als eine halbe Stunde in Anspruch nahm. Im Ganzen kam man zu der Ueberzeugung, dass einem freischwebenden, beweglichen Ballon nur sehr schwer mit Shrapnels beizukommen sein würde.

Nach „La Nature" Nr. 936 ex 1891, ergaben Versuche, die im Lager von Chalons gemacht wurden, gelegentlich der Beschiessung von Ballons durch Artillerie folgendes Resultat: Ein Ballon von 500 m³ wurde in 1400 Meter Höhe noch erreicht, mehrere Ballons von 5 m Durchmesser konnten in Höhen von 1200 bis 1450 Meter noch getroffen werden. Ueber 1500 Meter wurde kein Ballon getroffen. Bei diesen praktichen Versuchen achtete man strenge darauf, dass die gewöhnliche Visirung nicht benützt werde.

Ein Getroffenwerden des Ballons ist im Uebrigen ohne weittragende Folgen, weder für den Beobachter noch für das Materiale, da der Ballon, wie zahlreiche Beobachtungen zeigen, sehr langsam fällt und die entstandenen Beschädigungen rasch wieder ausgebessert sind.

Anders verhielte es sich, wenn es gelänge, den ganzen Ballon mit einem Schlage unschädlich zu machen. Nachdem in dieser Richtung keine praktischen Resultate vorliegen, so erlaube ich mir den diesbezüglichen, von Lieutenant Hildenbrand des königl. preussischen Infanterie-

Regimentes Nr. 88, herrührenden Vorschlag mit dessen eigenen Worten wiederzugeben:

„Im Sommer 1887 erhielt ich Kenntnis von den Schiessversuchen, welche gegen Fesselballons angestellt worden waren. Hiebei hatte man wegen der schlechten Beobachtungsfähigkeit des Granatschusses auf diesen verzichtet und dafür Shrapnelfeuer angewendet. Bei einer Entfernung von 4500 Metern soll das Ergebnis darin bestanden haben, dass man den Ballon mit dem 18. bis 24. Schusse zu Fall brachte.

Ich schloss daraus, dass man einen gewissen Werth darauf lege, für den Kriegsfall dem Feinde die Beobachtung vom Ballone aus unmöglich zu machen.

Bei der Belagerungs-Uebung in Mainz im Jahre 1887 gewann ich die Ueberzeugung, dass ein Ballon gerade im Festungskriege infolge der weiteren Entfernung von hoher Bedeutung werden kann.

Bei einem Aufsteigen bis zu etwa 400 Meter Höhe konnte man in Mainz nicht nur die Wasserstrassen des Rheins und des Mains, sondern auch sämmtliche Eisenbahnen bis auf etwa 2½ Meilen im Umkreise genau beobachten. Daraus folgt, dass man im Stande ist, durch Erkundung der Aufstellung des Ingenieur- und Artillerie-Belagerungstrains die Angriffsfront frühzeitig feststellen zu können. Bei der grossen Wichtigkeit, welche dem rechtzeitigen Erkennen des Angriffes beigelegt werden muss, erheischt es das Interesse des Angreifers, solche Erkundungen zu vereiteln. Hiezu dürfte nun aber bei den vorhandenen grossen Entfernungen des Festungskrieges der Shrapnelschuss nicht mehr ausreichen. Für den Granatschuss dagegen kommt es in Betracht, dass das Geschoss beim Durchdringen der dünnen Ballonhülle nicht zum Springen gebracht wird. Seine Wirkung ist daher im günstigsten Falle nur die des Oeffnens des Ballonventils, d. h. der Ballon sinkt langsam zur Erde, um nach stattgefundener Ausbesserung in einigen Minuten anderwärts wieder zu erscheinen. Ein abermaliges Treffen des Ballons dürfte jetzt durch stete Veränderung seiner Lage in horizontaler wie vertikaler Beziehung zum Mindesten erschwert werden.

Unter Berücksichtigung dieser Umstände habe ich geglaubt, dass es nicht unwichtig sei, ein Geschoss zu construiren, welches zum Schiessen auf Ballons die guten Eigenschaften der Granate und des Shrapnels in sich vereinige, ohne deren Nachtheile zu besitzen.

In dem nachstehend beschriebenen Geschosse ist versucht worden, diese Bedingungen zu erfüllen. Dasselbe soll durch grosse Belastung des Querschnittes und Annäherung des Schwerpunktes an den Angriffspunkt der Luftwiderstands-Resultate einen präcisen Schuss und eine gestreckte Flugbahn erhalten und durch seine inneren Einrichtungen das Füllgas des Ballons zur Entzündung bringen. Der Ballon soll also nicht nur zeitig ausser Gefecht gesetzt werden, sondern das in jeder Beziehung, kostbare Personale und Materiale desselben von Grund auf vernichtet werden.

Das Geschoss besteht aus drei Haupttheilen:

1. Dem Geschossmantel mit der aufzuschraubenden Spitze,

2. dem Einsatzcylinder mit Chrom-Element,

3. der Inductionsspirale mit Unterbrechungsrad und Condensator.

Der Geschossmantel ist derjenige einer Feldgranate, welche am unteren Ende ein Muttergewinde für die Schraube des Einsatzcylinders trägt.

An ihrem oberen Ende befindet sich ein zweites Muttergewinde für den Schraubenring zur Befestigung der Geschossspitze, circa drei Centimeter lang. Sie ist von ogivaler Form und hat in ihrem vordersten Theile eine Einsenkung, in welche zwei Canäle zur Aufnahme von Drahtspitzen enden.

Der Einsatzcylinder, aus Eisen gefertigt, hat in seiner Längsachse, mit ihm aus einem Stücke gearbeitet, eine Führungssäule, um welche, sich ein Zink- und ein Kohlencylinder, sowie ein mit Chromsäure gefüllter Gelatinering herumlegen.

Seinen Abschluss nach oben hin findet der Einsatzcylinder durch eine Hartgummischeibe. Auch ist das ganze Element durch diese Masse von den Eisentheilen isolirt.

Die Inductionsspirale, welche in dem vordersten Theile der Granate eingesetzt ist, besteht aus einer mit dünnen Eisenstäben ausgefüllten Hülse, um welche zwei Drähte nach der für solche Apparate vorgeschriebenen Form gewunden sind.

Das Unterbrechungsrad, mit seiner Achse in der Längsachse des Geschosses gelegen, läuft, um durch den Stoss der Pulvergase nicht deformirt zu werden, ohne Spielraum, aber leicht drehbar in zwei Lagern. Aus dem gleichen Grunde hat man dem Rade selbst die Gestalt eines stumpfen Kegels gegeben. Das hintere Lager befindet sich in einer isolirten Vertiefung der Führungssäule des Einsatzcylinders. Das vordere Lager ist auf eine dünne Metallscheibe aufgesetzt und bildet mit dieser das eine Ende des Condensators.

Der Condensator besteht aus einer Holzhülse, welche auf ihrem Boden eine dünne Metallplatte trägt. Zwischen dieser und der Platte, welche das hintere Lager des Rädchens bildet, befinden sich mehrfache Lagen Staniol,

welche durch Papierstreifen von einander getrennt sind.
Die Verbindung der einzelnen Theile untereinander geschieht durch gut isolirte Drähte.

Das Zusammenwirken der Theile.

Durch den Stoss der Pulvergase brechen die Brecher-
arme des Zinkcylinders, welche diesen tragen, ab und
dieser treibt die in dem Gelatineringe befindliche Säure
in den freien Raum zwischen Zink- und Eisensäule, wie
zwischen Zink und Kohle. Hiedurch tritt das Element in
Thätigkeit und entsendet einen elektrischen Strom, der
von dem positiven Pole durch den Condensator nach
dem Hauptdrahte der Spirale geht und von diesem durch
das andere Ende des Condensators, das Unterbrechungsrad, nach dem negativen Pole zurückkehrt. Da das leicht
drehbare Unterbrechungsrad aus Gründen des Beharrungs-
vermögens und durch Verlegung seines Schwerpunktes
ausser seiner Achse die Drehung des Geschosses nicht
in gleicher Weise mitmacht, so streifen die Zähne des
Rades zeitweise den Leitungsdraht, wodurch der Strom
abwechselnd unterbrochen und geschlossen wird. In den
Augenblicken, wo der Strom unterbrochen wird, sprühen
an der Spitze des Geschosses Funken über, welche die
Kraft besitzen, Leucht- oder Wasserstoffgas zu entzünden.
Gleichzeitig sammelt sich eine gewisse Menge Elektricität
während dieser Unterbrechung in dem Condensator,
welche in dem Momente der Schliessung des Stromes,
diesen verstärkend, ausströmt und gleichzeitig den schäd-
lichen Extrastrom beseitigt.‘

Man kann gegen diese Construction einwenden, dass
besonders auf die grossen Entfernungen, auf welche
deren Verwendung abgesehen ist, ihr Effekt schwer zu
beobachten sein wird. Das crepirende Shrapnel ist in Folge

seiner Raucherscheinung bezüglich seiner Lage mit dem Ballone in Beziehung zu bringen, bei vorliegender Granate fehlt jeglicher Anhalt; sie könnte nur auf das Gerathewohl aus Ballonkanonen, welche den Freiballons nachjagen, verfeuert werden.

Ich möchte dieses Capitel nicht verlassen, ohne darauf hinzuweisen, dass das Studium dieser Frage ein sehr wichtiges ist.

Wenn auch die Infanterie heute mit besonders weittragenden Gewehren ausgerüstet erscheint, so dürfte doch an eine erfolgreiche Beschiessung des Fesselballons ihrerseits, ausser in Ausnahmsfällen, nicht zu denken sein. Die Feldartillerie kann, in ihrer heutigen Ausrüstung, gegen den Ballon ebenfalls nicht wirksam auftreten. Dazu sind Wurfgeschosse nöthig. Nun geht aber gegenwärtig bekanntlich das Bestreben der artilleristischen Kreise dahin, ein Einheitsgeschoss und Einheitsgeschütz zu schaffen. Also eben jetzt, wo man auf Vereinfachung der Geschossfrage hinarbeitet, wäre der Zeitpunkt sehr übel gewählt, der Artillerie zur Beschiessung der Ballons noch eine neue Geschossgattung aufzubürden.

Wohl werden manche den Vorschlag machen, die Ballons im Feldkriege ganz zu ignoriren, da man durch das Beschiessen zugäbe, dass eine wichtige Action eingeleitet sei, die man um keinen Preis verrathen haben möchte. Durch Nichtbeschiessen könne der Feind irre geführt werden etc. Es gäbe da tausend für und wider, auf die hier einzugehen zu weit führen würde.

Meine Meinung aber geht dahin, dass Fessel-Stationen dem Gegner stets sehr lästig sind, und derselbe das Bestreben haben wird, sich ihrer zu entledigen.

Nachdem aber die Infanterie und Artillerie dies theils nicht thun kann, theils, durch vielleicht Wichtigeres abgehalten, nicht thun will, dürfte es sich im Laufe der Zeit als ein Gebot der Nothwendigkeit herausstellen, eine neue artilleristische Waffengattung zu schaffen.

Vielleicht erstehen in neuer Form die alten Raketen-batterien wieder? Diese kämen besonders leicht und beweglich auszustatten und hätten nur den Zweck, die Fessel-Stationen zu bekämpfen.

Zum Schlusse möchte ich hier noch auf das trefflich geschriebene, alle hiehergehörigen Fragen eingehend behandelnde Buch von Capitain Dufaux ‚Tir contre les ballons' hinweisen.

Beschreibung der verschiedenen Systeme von Fessel-Stationen.

Die Fessel-Stationen bestehen im Allgemeinen aus:

a) dem eigentlichen Ballone sammt der Gondel etc.,

b) der Winde für das Fesselseil,

c) den Wagen zur Herbeischaffung und Bereitung des Traggases,

d) den sonstigen Material- und Requisitenwägen.

Ad a) Die Ballons, von denen einer in Nachfolgendem in ganz kurzen Zügen beschrieben ist, sind bis auf die Dimensionen und die Stoffhüllen im Wesentlichen in allen Staaten gleich gebaut.

Jeder Ballon besteht aus:

der Hülle,

dem Ventile,

dem Tragringe.

dem Netze sammt den Auslaufleinen,

der Gondel mit den Haltestricken,

dem Anker sammt der Schleppleine,

den Sandsäcken und

dem Zubehöre.

Die meist kugelförmige Hülle hat je nach der Anzahl der hochzunehmenden Personen 300 bis 600 Kubikmeter Inhalt.

Die Materialien, aus denen sie gefertigt sind, können entweder Seide oder Baumwollstoff, welche beide durch mehrere Lackschichten gasdicht gemacht werden, oder Goldschlägerhäutchen sein. Die Seide hat den Vortheil der grösseren Leichtigkeit, Festigkeit und angenehmeren Manipulation. Baumwollstoff ist schwerer, aber billiger. Goldschlägerhäutchen, (das sind die äusserst feinen Häute der Schafgedärme), werden in England zu Ballonhüllen verwendet. Dieselben werden in vier- bis achtfachen Lagen in nassem Zustande auf hydraulischem Wege derart an- und übereinander geklebt, dass man die Stellen, wo dies geschah, nicht mehr erkennt. Dies Verfahren besitzt den Vortheil, dass eine besondere Präparirung mit Firniss oder dergl. entfällt. Dafür aber werden die Ballons leicht spröde und sind einmal entstandene Risse schwerer auszubessern.

Herr Espitallier bringt in der „Revue de l'Aëronautique" folgende Angaben über die englischen Militärballons: Das Volumen derselben geht im Allgemeinen über 300 Kubikmeter nicht hinaus. Die Hülle wird von acht Lagen „Baudruche" gebildet und erfordert zu ihrer Verfertigung nicht weniger als 34- bis 35.000 an und übereinander gelegte und in einer Weise zusammengenähte Stücke, dass die Nähte nicht übereinander zu liegen kommen. Der Gasverlust durch diese Hülle ist unbedeutend und beträgt in 24 Stunden nicht über 0·2 Percent. Die Widerstandsfähigkeit der acht Zeuglagen beträgt 1200 Kilogramm pro Quadratmeter. Die gesammte Hülle wiegt etwa 45·5 Kilogramm, was etwa 213 Gramm pro Meter Oberfläche entspricht.

Das Haltekabel wird aus einem Drahttaue von fünf Millimeter Stärke gebildet; ein Meter desselben wiegt 80 Gramm, oder 3·9 Kilogramm bei einer Länge von

500 Metern. Der Verfasser führt dann noch folgende
Einzelnheiten über einen in Birmingham hergestellten
Ballon an:

Ballon aus acht Baudruche-Lagen.

Durchmesser 8·22 Meter.

Volumen 290 Kubikmeter.

Gewicht der Hülle	45·26	Kilogramm
Oberes Ventil .	3·17	,
Netz . . .	19·05	,
Hängetaue	4·54	,
Zwei hölzerne Hängereifen	5·90	,
Gondel	11·34	,
Anker und Kabel . .	9·52	,
Unteres Ventil	0·90	,
Summe .	99·68	Kilogramm

Die Steigkraft dieses Ballons ist unter der Annahme
der Entrollung des ganzen Kabels genügend, um zwei
Personen zu heben. Eine grosse Unzuträglichkeit bei dem
Baudruche-Ballon bildet der Preis. Der erwähnte Ballon
kostet 6500 Gulden, so dass der Quadratmeter der Hülle
auf ca. 23 fl. zu stehen kommt, während ein gleich-
grosser Ballon aus Baumwollstoff auf circa 350 bis 400 fl.
zu stehen käme.

Für Warmluftballons sind feuerfeste Hüllen,
welche durch Anstrich von Wasserglas, Asbestgeweben
etc. zu erzielen sind, in Verwendung.

Die Dichtung der Hülle geschieht im Allgemeinen
durch Lacke. Dieselben werden zumeist aus gekochtem
Leinöle hergestellt.

An der Hülle jedes modernen Ballons ist eine Zer-
reissvorrichtung (schwarz gefärbter Strick) angebracht, damit man stets dann — durch Zerreissen der
Hülle — das Gas schnell aus dem Ballone entfernen kann,

wenn bei einer sehr stürmischen Landung der Anker
nicht fasst. Man beugt dadurch einer gefahrbringenden
Schleiffahrt vor.

Oben hat der Ballon zum Manöveriren das übliche
Ventil, dessen Verschluss bei Yon von einer Eisenblech-
scheibe gebildet wird, welche vier an der Armatur des
Ventiles angebrachte Spiralfedern gegen eine Kautschuk-
einlage pressen.

Viele Luftschiffer bedienen sich eines Doppelklappen-
ventiles. Ein solches besteht aus einem Holzreifen, der
mittelst eines mit Leder überzogenen und ringsum be-
nagelten cylindrischen Bandes an dem Ballone befestigt ist.

Dieser aus Nussbaumholz hergestellte Reifen enthält
in der Mitte eine Querleiste und auf dieser einen aufgesetzten Steg, auf dem ein Kautschukband befestigt ist,
welches die beiden genau passenden Ventilklappen gegen
den Rand des Reifens zieht.

Behufs Herstellung grösserer Gasdichtigkeit wird der
Rand der Ventilklappen ausserdem noch mit einer Mischung
von Talg und Leinmehl bestrichen, welches man unter Zusatz von etwas warmem Wasser vorher ordentlich durch-
knetet hat.

Die beiden Ventilklappen sind an der Querleiste mit
vier Charnieren befestigt und öffnen sich von aussen
nach innen durch das Anziehen der in die Gondel hinab-
hängenden Leine, welche zur Vermeidung von Ver-
wechslungen mit anderem Tauwerke roth gefärbt ist.

An dem Halse, das ist dem schlauchartigen unteren
Theile des Ballons, durch welchen das Traggas eingeführt
wird, ist bei den Fesselballons ein sogenanntes Appen-
dix-Ventil angebracht, das sich bei zu starkem inneren
Drucke, welcher der Hülle gefährlich werden könnte,
automatisch öffnet und schliesst.

*

3

Das den Ballon umgebende **Netz** ist oben am Umfange des Manöverirventiles befestigt.

Die Maschen haben am Aequator einen grössten Durchmesser von 40 bis 50 cm. und werden, je weiter sie nach oben oder unten liegen, immer kleiner.

Der untere Theil des Netzes läuft in 24 **Auslaufleinen** aus, die an einem Ringe, an dem sich **Knebeln** befinden, befestigt sind.

Mittelst einer Trapezverbindung mit dazwischen liegendem Dynamometer, welcher den augenblicklich herrschenden Zug anzeigt, ist das Kabel mit dem Ringe verbunden. Zur telephonischen Correspondenz zwischen dem Korbe und der Erde dienen zwei isolirte Kupferdrähte.

An dem **Ringe** hängt an verknoteten Stricken der **Korb**, welcher sich vermöge der trapezförmigen oder einer anderen dies gestattenden Aufhängung frei bewegen kann und sich selbst dann noch ziemlich vertikal hält, wenn heftiger Wind den Ballon zum Boden neigt.

Der **Korb** ist aus Weiden geflochten, mit Einlagen von spanischem Rohre versehen, und nimmt 2 – 4 Personen auf. Die Haltestricke gehen durch die beiden Seitenwände und den Boden des Korbes, welch' letzterer noch mit einigen Holzleisten verstärkt ist.

Als **Zubehör** werden ein vierarmiger Anker (Ankeregge) nebst Tau, sowie die erforderlichen Instrumente und sonstigen nöthigen Ausrüstungsgegenstände, wie Ballastsäcke etc. beigegeben.

Ad. b. Die **Wägen zur Herbeischaffung und Bereitung des Gases** theilen sich je nach der in Verwendung kommenden Gasgewinnungs-Methode in verschiedene Gattungen.

Wird das Gas erst im Felde erzeugt, so fasst diese Gruppe ausser den Wägen, welche das Rohmateriale befördern auch noch die eigentliche Gaserzeugungs-Maschine in sich.

Letztere sind je nach der Gasgewinnungs-Methode, ob auf trockenem (nämlich heissem), durch trockene Destillation von Kalkhydraten mit Zinkpulver, oder auf nassem Wege (durch Zersetzung von Schwefelsäure mit Eisen oder Zink), verschieden construirt

Die französischen Firmen Yon und Lachambre bauten Gaserzeuger für erstere Methode, die viele Staaten, so: Russland, Italien, Spanien, Belgien, China etc. für ihre aëronautischen Abtheilungen beschafften.

Im Principe bestehen dieselben aus einem grossen Gefässe, welches mit Eisenfeilspänen gefüllt und oben hydraulisch verschlossen ist. In dasselbe wird eine durch Wasser stark verdünnte Schwefelsäure geleitet, wodurch nach einer lebhaften chemischen Zersetzung unter bedeutender Wärme-Entwicklung und solcher giftiger Dämpfe, Wasserstoff frei wird. Nachdem derselbe aber nicht in reinem Zustande austritt, so wird er in einem Waschbottich gewaschen und in zwei anderen Gefässen getrocknet. Der ganze Apparat befindet sich auf einem Wagen und liefert per Stunde circa 200 bis 250 m³. Wasserstoffgas.

Wird das Traggas auf trockenem Wege gewonnen, so ist ein anders construirter Wasserstoffgas-Erzeuger hiezu nöthig, welcher aus einer Art fahrbarem Ofen besteht, in welchen die Materialien in Blechhülsen einer trockenen Destillation unterzogen werden.

Ausser diesen Wägen zur eigentlichen Gasbereitung sind hiezu noch sogenannte Materialwägen erforderlich, und zwar, wenn man eine Maximalbelastung pro Wagen mit 1200 Kg annimmt, für das französische System acht bis zehn Stück, für das trockene System ca 4—6.

3*

Bei englischem Systeme entfällt die Mitnahme
eines eigenen Gaserzeugungs-Apparates sammt dem hiezu
nöthigen Materialwagen, und wird das Gas in comprimirtem Zustande in Stahlcylindern mitgeführt.

Die Stahlcylinder für das comprimirte Gas haben
je nach den an sie gestellten Anforderungen verschiedene Abmessungen. Das wegen seiner Handlichkeit für
Zwecke der Ballonfüllung am meisten praktisch befundene
Modell ist 2·4 Meter lang bei 0·136 Meter Durchmesser
und 4·76 Mm. Wandstärke: es enthält 3·9 m³ Gas bei
120 Atmosphären Druck und wiegt 36 Kg, d. i. pro
m³ Gas 9·2 Kg. Die Behälter sind cylindrisch, die
Endflächen halbkugelförmig gestaltet. An einem Ende
sitzt eine halsförmige Oeffnung, in welche ein Gashahn
eingeschraubt ist. Für die Construction des letzteren sind
möglichste Einfachheit und Schutz vor dem Unbrauchbar-
werden durch äussere Beschädigungen als leitende Grund-
sätze aufgestellt worden. Darnach besteht er aus einem
Bronzecylinder, der in Richtung der Mittelachse durch-
bohrt ist. Von dieser Durchbohrung aus läuft senkrecht
nach dem Mantel ein Canal aus, der an seiner Mündung
sich conisch erweitert und zum Aus- und Einlass des
Gases dient. Der Verschluss wird durch eine Stahl-
schraube bewirkt, welche von oben her in den Mittelcanal
eingelassen ist und nach einigen Drehungen mit ihrem
conischen Endzapfen den Zufluss zum Auslasscanal ver-
sperrt.

Zum Füllen eines Ballons werden 34 solcher Stahlbehälter mit einer Vorlage mittelst Gummischlauches verbunden. Das Verbindungsstück des Schlauches besteht
aus einer dem Hahne angepassten Muffenconstruction, die
derart umgelegt wird, dass ihr conisches Ansatzrohr in die
entsprechende Ausbohrung des Canals am Hahn hin-

eintritt. Die Vorlage wird dann ihrerseits durch einen Füllschlauch von vier bis sechs Zoll Durchmesser mit dem Ballone verbunden. Wenn alle Verbände gegen Gasverluste gesichert sind, werden die Stahlschrauben der Behälter nach einander langsam zurückgeschraubt, um das Gas allmälig herauszulassen. Zur Beschleunigung der Füllung sind jeder Ballonausrüstung zwei Vorlagen beigegeben, sowie eine hosenförmige Hülle, welche die Vereinigung der beiden Füllungsschläuche am Boden bewerkstelligt. In solchem Falle können 68 Stahlcylinder, also ca. 205 m³ Gas, mit einem Male entleert werden.

Nachdem 34 Stahlcylinder 1224 Kilogramm wiegen, so können solche auf einem vierspännigen Wagen leicht fortgeschafft werden. Es lassen sich nun über die zu einer englischen Fesselballon-Station nöthigen Material-Wägen, bei Zugrundelegung einer bestimmten Ballongrösse, leicht Berechnungen anstellen.

Hätten wir z. B. einen Ballon von 530 m³ Inhalt, so wären zur Füllung desselben — ein vierspänniger Wagen mit 34 Stahlcylindern beladen angenommen — vier solche Wägen nöthig. Nachdem eine Fesselballon-Abtheilung aber doch stets über zwei Füllungen verfügen können soll, wären hiezu acht Materialwägen erforderlich.

Das Zeitraubende, die vielen Behälter an die Vorlagen anzuschliessen und einzeln zu öffnen, sowie die zahlreichen Verbindungsstellen, die zugleich ebenso häufige Gelegenheit zu unerwünschten Gasverlusten bieten, hat die französische Militär-Luftschifffahrt durch eine andere Construction der Gasbehälter anscheinend mit Erfolg abzustellen versucht. Sie hat grössere Behälter gebaut und diese auf Wägen montirt. Jeder Wagen soll 300 m³ Gas mitführen unter 200 Atmosphären Druck, so dass zur Füllung des französischen Ballons normal von 540 m³ Grösse zwei

Fig. 2.

Englische Füllungsmethode.

Gaswägen vollständig ausreichen. Die Wägen wurden bei den grossen Manövern des Jahres 1890 zum ersten Male erprobt.

Ad c) Die Winde für das Fesselseil kann entweder für Hand- oder Dampfbetrieb eingerichtet sein.

Letztere arbeitet bedeutend schneller als erstere.

Die Engländer führen für ihre kleinen, nur 240 bis 300 Kubikmeter Inhalt besitzenden Ballons Handwinden mit sich. Dieselben haben den Vortheil, schnell und leicht überall hintransportirt werden zu können. Sie entsprechen also vollkommen den eigenthümlichen örtlichen, aussereuropäischen, wegarmen Kriegsschauplätzen, wo sie ihre Hauptthätigkeit entfalten — Auch die Franzosen in Tonkin bedienten sich der Handwinden. Für Ballons jedoch von über 500 Kubikmeter Fassungsraum mit einer Steigkraft von 200 bis 300 Kilogramm und der unbedingt zu stellenden Forderung, dass zehn Meter Seil per Secunde eingezogen werden können, genügen Handwinden nicht mehr und sind Dampfwinden erforderlich. Ihre Construction ist auf mannigfache Art denkbar. Im Allgemeinen wird ein System von Rollen, auf denen sich das Captivseil auf-, respective abwickelt, durch eine fahrbare Dampfmaschine in eine derartige Bewegung gesetzt, dass das Seil in einer Secunde sich um zehn Meter auf-, respective abwickelt. Der ganze Wagen sammt Maschine und Seil wiegt circa 1800 bis 2000 Kilogramme. Derselbe kann jedoch durch Anwendung entsprechender Materialien, natürlich auch nur bei gleichzeitiger Preiserhöhung, auf das Gewicht von 1500 Kilogramme reducirt werden.

Diese Ballonwinde ist ein integrirender Bestandtheil jeder feldmässigen Fessel-Station, welche berufen sein soll, auf europäischen Kriegsschauplätzen aufzutreten. Ihre Construction muss sehr gut durchgedacht

und ausprobirt werden, ehe sie definitiv angenommen
wird. Die oft unscheinbaren Fehler rächen sich im Ernstfalle bitter. Schon aus diesen wenigen Worten ist zu
ersehen, dass die Beschaffung von Ballonwinden, auch
wenn Geld, wie es in Kriegszeiten thatsächlich der Fall
ist, genügend zur Verfügung stände, doch viel Zeit
erfordert. — Vorausgesetzt, es wären im Frieden schon
alle Pläne bis ins kleinste Detail ausgearbeitet, so dürfte
die Maschinenfabrik doch die Lieferung einer solchen
Winde vor drei bis vier Monaten, also 12 bis 16 Wochen,
nicht fertig bringen. Daraus ergibt sich, dass diese Ballonwinden, reflectirt man im Ernstfalle auf die Mitwirkung
des Fesselballons überhaupt, Gegenstand der Feldaus-
rüstung der Luftschiffer-Abtheilungen sein müssten. Der
Preis einer Dampfwinde stellt sich auf 7000 bis 9000 Gulden.

Die Dampfwinden unterscheiden sich je nach ihrer
Constructions-Art, welche ich, als rein fachtechnisch, hier
nicht weiter berühre, in mehrere Typen. Jede derselben
kann für die oben angeführten Ballon Systeme in Verwendung kommen.

Ad d) An sonstigen Materialwägen wird eine Fessel-
Station mit sich führen: einen Telegraphenwagen, einen
Wagen mit Werkzeugen und Requisiten, wie Schaufeln,
Krampen, Seilwerk, Stoffe, Firniss etc. etc., und einen
Proviantwagen.

Ueber Warmluft-Fesselballons.

Die vorbezeichneten Arten von Wägen und Materialien sind für Fesselballon-Stationen, welche mit Wasserstoffgas gefüllte Ballons mit sich führen, erforderlich.

Nachdem diese Studie aber alle Fessel-Stationen behandeln soll, um sie später, soweit thunlich, vergleichen zu können, so muss ich noch zwei Systeme von solchen speciell hervorheben. Das eine ist das sogenannte belgische, welches Warmluft-Ballons benützt, das andere die Fessel-Schraube, welche, schon in das Gebiet der Aviatik hinüberschweifend, ohne Ballon sich in die Lüfte erheben und erhalten will.

Mir ist leider, ausser nachfolgender kleiner Notiz, keine Abhandlung bekannt, welche sich mit Warmluftballons, die zu militärischen Zwecken Verwendung finden sollen, befasst. Dieselbe lautet:

„Vor einiger Zeit wurden in Antwerpen Versuche mit einem Ballone angestellt, den man mit warmer Luft gefüllt hatte; dieselben wurden durch den Genie-Capitän Waffelaert, unterstützt von dem Luftschiffer Godard, dem Urheber des Vorschlages, die Montgolfière im Kriege zu verwenden, ausgeführt. Der Hauptzweck der Versuche war, festzustellen, mit welcher Schnelligkeit eine Montgolfière, mit warmer Luft gefüllt, bis zu einer gewissen Höhe getrieben, wieder herabgelassen und zusammen-

gefaltet werden könne. Nach Godard's Ansicht ist der
Vortheil, dass nicht ein besonderes Gas zur Füllung erforderlich, so erheblich, dass alle Nachtheile, welche die
Montgolfière gegen die Ballons mit Wasserstoffgas
(grössere Gefahr, grösseres Volumen etc.) bieten, dagegen
verschwinden. Die Montgolfière, die zu Versuchen verwendet wurde, hatte 1400 Kubikmeter Fassungsver-
mögen. Das in die Höhe getriebene Ballonmateriale wog
139 Kilogramm. Mit der Verbrennung von 23 Kilogramm
Stroh erhält der Ballon in 20 Minuten eine Aufsteig-
kraft von 210 Kilogramm, dagegen bemerkte man, dass
diese Kraft rasch abnehme.'

Diese Warmluft-Fesselballons wurden also von demselben Godard in Vorschlag gebracht, der schon 1859
einen ähnlichen bei Solferino, jedoch damals ohne Erfolg,
in Thätigkeit setzte.

Nachdem sich die Technik innerhalb dieser 33 Jahre
aber erheblich entfaltet hat, so ist es nicht unschwer, sich
eine solche praktisch verwendbare Warmluftballon-Fessel-
station zu combiniren.

Das will ich nun in Nachstehendem, ohne Details
zu geben, versuchen.

Eine Warmluft-Fessel-Abtheilung hätte zu bestehen aus:

1. dem vierspännigen Ballonwagen von ca. 2000 Kg. Gew.
2. „   „   Gerüstwagen   „ „ 1600 „   „
3. der sechsspännigen Dampfwinde „ „ 2500 „   „
4. zwei vierspänn. Materialwagen „ „ 1600 „   „
5. einem zweisp. Proviantwagen   „   800 „
6. den zweispännigen Telegraphenwagen 800 „   „

Der ganze Train hätte also eine Colonnenlänge von
nicht ganz 80 Schritten, würde ca 8000 bis 10.000
Kilogramm schwer sein, und was der Hauptvortheil wäre,

eine solche Fessel-Station würde ganz unabhängig von dem sonst so umständlichen, theueren und schwer zu beschaffenden Wasserstoffgase sein, da als Traggas an Ort und Stelle erwärmte Luft verwendet wird.

Allerdings muss der Ballon entsprechend grösser gehalten werden, da ja erwärmte Luft nur den vierten oder fünften Theil von dem trägt, was Wasserstoffgas bewältigt.

Dadurch aber bietet der Ballon dem Winde eine grössere Oberfläche, er wird mehr hin- und hergeworfen; es müssen also die Winden stärker gebaut sein.

Ich gebe nun, soweit es zum Verständnisse unbedingt nöthig ist, eine kurze Beschreibung dieses Ballon-Systems

Der Ballon ist aus Seide gefertigt und gasdicht gemacht, oben dreifach genommen und, im Gegensatze zu den alten Montgolfièren, mit einem grossen Ventile versehen.

Das Netz fehlt dagegen ganz, statt desselben sind Bandleinen eingenäht.

Um den Aequator ist ein Stoffring (collerette servante de parachute) angebracht, welcher von Leinen gehalten, den Zweck hat, beim Fallen des Ballons sich aufzublähen, um den Luftwiderstand zu vergrössern und daher das Sinken zu verlangsamen.

Am Appendix, das ist dem unteren Ansatze des Ballons, der bedeutend breiter als bei den Gasballons gehalten ist, befindet sich ein eiserner Ring, an dem ein leichter Ofen hängt.

Innen und auch bis zum Aequator aussen ist die Hülle mit einem leichten Asbestfabrikate, wie sie jetzt besonders in England etc. vielfach erzeugt werden, gegen das Anbrennen feuersicher gemacht.

Ueber dem Ofen befindet sich ein leichtes Drahtgitter, welches den Flammen das Hineinschlagen in den Ballon verwehrt.

Der Ofen ist in einer Art cordanischer Aufhängung. damit er bei Wind stets vertikal hänge.

Die Feuerung geschieht entweder mit Spiritus, Schwefeläther oder sonst leicht brennbaren flüssigen Substanzen, mit der Baumwolle oder Stroh etc. durchtränkt wird.

Das Feuer ist mittelst einer höchst einfachen Vorrichtung derart zu reguliren. dass es nach Bedarf stärker oder schwächer brennt.

Die Gondel, ebenfalls feuersicher hergestel t, befindet sich im engsten Anschlusse an den Ofen, eventuell symmetrisch in zwei Theile getheilt.

Das Stahldrahtkabel, oder besser Aluminiumbronze-Drahtkabel. ist am Ringe befestigt.

In demselben läuft das Kabel für das Telephon.

Die Winde kann dieselbe sein, wie bei den gewöhnlichen Fessel-Stationen. nur hätten einzelne Verstärkungen Platz zu greifen.

Einen ganz neuen Bestandtheil der Heissluft-Fessel-Station bildet der Gerüstwagen.

Die Füllung einer Montgolfiére geht nämlich ganz anders vor sich, wie eine solche von Charliéren (das sind mit Wasserstoffgas gefüllte Ballons)

Während letztere auf dem Boden ausgebreitet liegen und entweder „en éperier" oder „en balline" gefüllt werden, müssen erstere an einem Gerüste aufgehängt werden.

Die Stangen hiezu sind aus Eisenblech zusammengesetzt, hohl (Röhren), mittelst Bodenschrauben befestigt und durch Drahtseile an sechs Seiten verankert.

Die ganze Construction ist sehr leicht und einfach und dürfte durch geübte Leute zum Aufstellen nicht mehr als 25 Minuten Zeit benöthigen

Das Füllen des Ballons dauert höchstens 10—15 Minuten.

Ueber die Fessel-Schraube.

Der Fessel-Schraube, die von dem Wiener Civil-Ingenieur Popper erfunden wurde und welche in Nachstehendem, ohne rechnerische Details zu liefern, beschrieben wird, liegt folgender Gedanke zu Grunde: *)

Eine freiliegende Flugmaschine muss die ganze Maschine, also Generator und eigentlichen Bewegungs-Mechanismus, eventuell bei Dampfmaschinen auch den Kessel, Brennstoff und Speisewasser oder Luftcondensator mit sich schleppen; denken wir uns nun auf einem Wagen Alles das angeordnet, was zur Lieferung des motorischen Agens dient, und durch eine fixe, biegsame Verbindung von genügender Länge mit der eigentlichen Flug- resp. Schwebemaschine verbunden, demnach im Falle der Anwendung eines Dampfmotors: Kessel, Speisewasservorrath und Luftcondensator nebst Brennstoff auf dem Wagen, sodann eine Schlauchverbindung mit dem Kessel hergestellt, und am anderen Schlauchende die Gondel, die zu enthalten hat: die eigentliche Dampfmaschine, die Doppel-Propellerschraube (oder Schrauben) und die mit aufsteigende Person, so haben wir diesen Schwebe - Apparat, trotzdem auch das Schlauchgewicht mitzutragen ist, um ein ganz bedeutendes Gewicht gegen

---

*) Siehe das Buch Popper's „Die Flugtechnik" (1. Heft, Berlin, W. H. Kühl).

einen freiliegenden entlastet und können daher hoffen, schon jetzt das Schweben in freier Luft zu realisiren.

Man muss nun die Wahl zwischen den verschiedenen Motorenarten treffen. Man kann Dampf, comprimirte Luft oder elektrische Energie in die Gondelmaschine hineinleiten. Elektrische Kraftübertragung war zur Zeit der Patentnahme, wegen der enormen Gewichte der damaligen Dynamo-Maschine, gänzlich ausgeschlossen und wird es den Berechnungen zufolge wohl auch noch heute sein, u. zw. namentlich darum, weil man es auch bei der Schwebe-Maschine nicht mit kleinen, absoluten Leistungen, sondern mit Maschinen von vielleicht mindestens 20 Pferdekräften zu thun haben wird

Die speciellen Berechnungen, die man einer Ausführung zu Grunde zu legen hat, sowie die vergleichende Betrachtung über Vor- oder Nachtheile von Dampf oder comprimirter Luft, und die nähere Beschaffenheit der Schlauch- oder einer äquivalenten Verbindung werden hier nicht gegeben, nur Eines ist nothwendig zu besprechen, nämlich das Verhalten der Schrauben-Propeller, die zum Tragen dienen, gegen Luftströmungen, durch welche letztere wir ja zur Behandlung der Fessel-Schraube überhaupt geführt worden sind.

Dass eine nach aufwärts gerichtete Luftströmung nicht schadet, sondern zum Tragen sogar mithilft, ist selbstverständlich, und wir lassen diesen Fall, sowie jenen schief abwärts gerichteter, also schädlich wirkender Winde, als in der Regel nicht vorhanden, ganz ausser Betrachtung.

Was aber die horizontalen Winde betrifft, so sollte man, nach allen bisherigen Annahmen und Einsichten, glauben, dass sie blos einen permanenten Seitendruck hervorbringen würden, der auf das Schweben des Apparates keinen Einfluss ausübt.

Da ist es nun ein sehr merkwürdiges und für unsere
Zwecke sehr nützliches Resultat der genauer rechnenden
Analyse des ganzen Vorganges, dass, ein horizontaler
Luftstoss auf einen horizontalen, rotirenden Schrauben-
Propeller dessen Auftrieb erhöht, in ähnlicher aber nicht
in quantitativ gleicher Weise, als ob er eine am Seile ge-
haltene Drachenfläche träfe. In Folge dessen braucht
man bei Wind weniger Secundenarbeit als bei ruhigem
Wetter, und die Rechnung lehrt, dass, wenn z. B. die
Windgeschwindigkeit gleich der Rotations-Geschwindigkeit
der Tragschraube ist, nahezu ¹/₁₀ der Rotationsarbeit
erspart wird.

Es stellt also eine rotirende Schraube, gegen die ein
Luftstrom senkrecht auf ihre Rotationsachse fällt, einen
Universaldrachen vor, d. h. einen solchen, der stets von
diesem Luftstrome Auftrieb erhält, die Luftströmung möge
aus welcher Weltgegend immer kommen. Dabei ist es natürlich gleichgiltig, ob eine solche Schraube eine Luftmaschine trägt, die gegen die Atmosphäre eine relative
Geschwindigkeit besitzt und sich daher den Wind erst
schafft, oder ob, wie bei der Fessel-Schraube, diese letztere
durch einen Schlauch (oder ein Seil) mit dem Boden in
fester Verbindung steht und eine freie Windströmung an sie
stösst; immer muss nur eine relative Luftgeschwindigkeit
gegen die Achse der Schraube vorausgesetzt werden, sonst
ist ja, wie in allen anderen Fällen, keinerlei Stosswirkung
möglich.

Wir sehen also, dass der Wind, der auf Fessel-Ballons
schädlich wirkt, den Fessel-Schrauben nützlich wird,
insofern wir bei unruhigem Wetter an Schwebe-Arbeit
ersparen, ferner bemerkt man den Vortheil gegenüber den
eventuell zu Recognoscirungs-Zwecken benützbaren gewöhnlichen Drachen, dass alle Schwankungen und Sub-

tilitäten der Einstellung u. s. w. hier vermieden sind, da
es gleichgiltig ist, aus welcher Richtung der Wind kommt,
sowie dass man zufolge Anwendung von Maschinenkraft vom
Vorhandensein eines genügend starken Windes überhaupt
ganz unabhängig ist, wobei wir nicht zuletzt den besonderen Vortheil dieser Construction hervorheben möchten,
dass vermöge der lebendigen Kraft der (zwei entgegen-
gesetzt rotirenden) Schrauben ein Schwanken der Gondel
aus der Horizontal-Ebene heraus überhaupt nur sehr gering
sein kann, ganz abgesehen von der unvergleichlich geringeren Angriffsfläche für den Wind (trotz des langen
Schlauches) als dies bei den Fessel-Ballons der Fall ist.

Auch wird eine Fessel-Schraube rascher in Function
gebracht werden können, als die Füllung eines Ballons
beendet ist, denn wenn man Dampf oder comprimirte Luft
durch den Schlauch in die Maschine hinaufleitet, so ist der
Motor viel schneller in voller Action durch das Anheizen
des Kessels, was ja schon während der Fahrt geschehen
kann und selbst durch das Luftcomprimiren, als dies die
Bereitung von Wasserstoffgas ermöglichen würde.

Endlich ist zu bedenken, wie schwer selbst bei
mässigem Winde die Forderung zu erfüllen ist, Fessel-
Ballons in gefülltem Zustande zu transportiren, und dass
anderseits selbst bei heftigem Winde der Transport einer
Fessel-Schraube gar keinem Anstande unterliegt.

Ich bin in der angenehmen Lage, bezüglich der
Fessel-Schraube noch einige genauere Daten mittheilen zu
können, die mir Herr Ingenieur Popper auf mein Ansuchen
soeben übersandte.

Herr Popper schreibt:

„Bei der Conception der Fessel-Schraube im Jahre
1880 — das Patent ist schon längst erloschen — dachte
ich in erster Linie an elektrische Kraftübertragung; da

die damaligen Elektromotoren aber noch viel zu schwer
waren, so fasste ich allgemein die Hinaufleitung eines
gespannten Gases, nämlich von comprimirter Luft, sowie
von Wasserdampf ins Auge. *)

Bei der Anwendung von Dampf dachte ich mir den
eigentlichen Dampfschlauch von einem zweiten, sehr
schwachen Schlauche, umgeben, dessen Seele also der
erstere bildet, und der mit dem Auspuffrohre der Dampfmaschine verbunden sein sollte; in dem ringförmigen
Abstande beider Schläuche sollte der ausgestossene Dampf
wieder nach unten, und zwar in einen Oberflächen-Condensator einmünden. Hiedurch wären zwei grosse Vortheile erreicht worden; einmal der, dass der eigentliche
Kraftschlauch von einem heissen Mantel umgeben, also
nicht der Abkühlung der Atmosphäre ausgesetzt gewesen
wäre; sodann der, dass man den Dampf als Speisewasser wieder gewinnen kann, und endlich der dritte
Vortheil, dass nicht ein oben bei der Laterne (in der
der Beobachter steht) ausgepuffter Dampf, namentlich
im Winter, die Aussicht stören kann.

Das nähere Studium der Schlauchconstruction brachte
mich jedoch von dieser Idee wieder ab, indem das Gewicht des etwa 500 Meter langen Doppelschlauches und
zugleich' die äussere Oberfläche desselben den etwaigen
Winden gegenüber denn doch etwas zu gross ausgefallen
wäre.

*) „Da ich bekanntlich Derjenige bin, der zuerst die Idee der
elektrischen Kraftübertragung hatte und sie in einem der kaiser-
lichen Akademie der Wissenschaften übergebenen Schreiben zur
klaren Darstellung brachte, so macht es einen sehr heiteren Eindruck,
dass ein Kritiker meiner „Flugtechnik" glaubte, mich sozu-
sagen einer Vergesslichkeit oder Unwissenheit zu zeihen, dass ich
Dampf und comprimirte Luft und nicht elektrische Krafttransmission
vorgeschlagen hatte'.

Elektrische Kraftübertragung erscheint mir noch heute nicht praktisch, weil die Gewichte der Elektromotoren noch immer ziemlich grosse sind und auch eine Betriebsstörung derselben mehr als beim Dampfe oder der Luftmaschine zu befürchten bleibt. Die Gewichte der heutigen Elektromotoren sind bei der hier obwaltenden Zahl von vielleicht circa 30 Pferdekräften nicht unter 30 Kilogr. pro Pferdekraft. Obwohl der Motor beim Ballon „La France", der von Krebs construirt war, nur 12 Kg. pro Pferdekraft wog, scheint er doch wohl keine grosse Betriebsdauer besessen zu haben, denn derselbe Krebs construirte für ein submarines Boot („Le Gymnote") einen dynamo-elektrischen Motor, zum Zwecke bedeutender Leichtigkeit, wobei die circa 55 Pferdekraft-Maschine nahezu 2000 Kg. Gewicht hatte, also 36·36 Kg. pro Pferdekraft. Diese Zahlen beziehen sich auf Gleichstrom-Maschinen. Auch die Drehstrom-Motoren dürften kaum geringere, eher grössere Gewichte ergeben, und es würde nur mit Freuden begrüsst werden können, wenn in der Richtung auf Leichtigkeit specielle Versuche gemacht würden. Leider lässt sich hier nicht wie bei den eigentlichen Kraftmaschinen, von der Anwendung des als letzten Rettungsanker stets citirten Aluminiums etwas Besonderes erhoffen, denn die Anwendung von Eisen als stark magnetischem Metalle ist ja als Hauptmasse des Motors in keiner Weise zu umgehen.

Ich will nur gelegentlich der Anwendung von elektrischer Kraftübertragung noch hervorheben, dass vor der Anwendung von Accumulatoren als Generator, respective primärer Stromquelle, nicht viel Gutes in unserem Falle zu erwarten ist, denn deren Gewicht ist zu gross und eine Beschädigung derselben durch Erschütterungen während des Transportes fast gewiss.

Es bleibt daher bei dem heutigen Stande der Motoren-
technik wohl nur die Wahl übrig zwischen Motoren,
die von unten aus mit comprimirter Luft versorgt werden,
oder Gas- oder Petrolmotoren und dgl. Dem Gasmotor
könnte sein Gas von unten durch einen schwachen, relativ
dünnen Schlauch zugeführt werden, an welchem Schlauche
die Laterne zugleich fixirt wäre; der Petrol- oder Benzin-
motor könnte den flüssigen Brennstoff sehr gut bei sich
haben, da das Totalgewicht des Brennstoffes, selbst nach
mehreren Stunden, noch immer kaum grösser als jenes
des Schlauches einer Gasmaschine ausfiele.

Eine bestimmte Ansicht über die Brauchbarkeit von
Gas- oder Petrolmotoren zu unseren Zwecken kann
ich jedoch darum hier noch nicht aussprechen, weil ich
über die Gewichte derselben, falls sie speciell auf
Leichtigkeit gebaut werden, keine näheren Daten
besitze, und andererseits, weil ich nicht durch Erfah-
rungen darüber genügend beruhigt bin, dass ein solcher
Motor in der That jeder Wasserkühlung entbehren
kann, und blos mit Rippenconstruction und Luftkühlung
betriebssicher bleibt.

Ich finde daher die comprimirte Luft, bis auf
Weiteres wenigstens, als das zweckmässigste Agens. Obwohl hiebei ein Luftcompressor, also eine weitere Maschine ausser der Dampfmaschine nöthig wird, so wird
dadurch doch nur das untere Gewicht der Transport-
wägen, und nicht die Laterne belastet. Der Mehrverbrauch an
Brennstoffen wegen der doppelten Arbeitsumsetzung der
Calorien der Kohle fällt aus demselben Grunde ebenfalls nicht ins Gewicht, und man hat dafür folgende
Vortheile:

Die comprimirte Luft, die ich hier als nicht vor-
gewärmt voraussetzen muss, und die daher allerdings
mit sehr geringer Expansion im Motor arbeiten kann,

4*

greift den Schlauch nicht an, wie es der Wasserdampf thut, sie verdunstet nicht und sie stört beim Auspuffen in der Laterne nicht die Aussicht; überdies kann ein Luftmotor, der mit sechs Atmosphären arbeitet, namentlich wenn er speciell auf Leichtigkeit hin construirt wird, sehr geringes Gewicht und seine Betriebsfähigkeit dauernd erhalten. Man wird entweder eine Viercylinder-Maschine oder eine direct rotirende Maschine anwenden, erstere dürfte vorzuziehen sein. Denken wir uns nun die ganze Vorrichtung der Fessel-Schraube, so dürften drei Wägen zum Transporte aller Bestandtheile genügen.

Ein Wagen enthielte den Kessel und den mittelst des Ventilators energisch gekühlten, also kleineren Oberflächen-Condensator, nebst dem Brennstoffe einen sehr geringen Wasservorrath. Letzterer hat nämlich nur die geringen Mengen von Dampfverlusten zu ersetzen.

Der zweite Wagen enthielte die Dampfmaschine und den Compressor, der dritte Wagen die Haspel mit dem circa 500 Meter langen Luftschlauche und die Laterne, welch' letztere aus folgenden Theilen besteht: Dem eigentlichen, sehr leicht gebauten Gerüste, dem Luftmotor, und oben zwei nebeneinander befindliche und conträr rotirende Systeme von übereinander befindlichen Schraubenpropellern.

Was die Leistung des Luftmotors in der Laterne betrifft, so schätze ich sie auf ungefähr 50 Pferdekräfte und es würde dies nach dem heutigen Stande der Technik bedeuten, dass der Motor circa 100 Kubikmeter Luft von sechs Atmosphären Pressung in einer Stunde consumirt; hiezu müsste die Dampfmaschine nahezu 60 Pferdekräfte aufwenden; auf diese müsste sie, der Kessel und der Condensator wie der Luftcompressor, eingerichtet sein.

Der Luftschlauch, der die comprimirte Luft vom
Compressor in den Laternenmotor hinaufleitet, muss natürlich so leicht als möglich sein.

Um allen hier vorhandenen Bedingungen zu genügen,
muss vor Allem der Haspel sich um eine verticale, nicht
um eine horizontale Achse drehen lassen und mit halb-
kreisförmig vertieften, schraubenartigen Nuthen versehen
sein, so dass sich der Schlauch beim Hinauf-, wie beim
Abwickeln in die Nuth einsenken und seine Rundung
behalten kann, sonst könnte ein Klemmen, ein Plattdrücken
stattfinden und daher die Luft nicht nach oben gelangen,
was ein sofortiges Herabsteigen des Apparats zur Folge
hätte.

Der Schlauch selbst dürfte, meinen mannigfachen
Ueberlegungen zufolge, am besten so hergestellt werden:
für die Dichtung dient als Seele des Schlauches eine
Doppellage dünnen, vulkanisirten Gummi's ohne jede Hanf-
einlage, darüber eine mehrfache Lage dichten Seiden-
gewebes und über diesem ein Panzer aus kleinen Ringen
von Aluminiumdraht, der den Widerstand gegen den
Luftdruck von sechs Atmosphären mit z. B. dreifacher
Sicherheit auszuhalten hätte; das Seidengewebe schützt
den Gummischlauch vor atmosphärischen Einflüssen und vor
einem Einpressen, also Beschädigen desselben, in die
Drahtringe, überdies sichert das Gewebe die Festigkeit
irgend einer Stelle selbst im Falle, als ein oder mehrere
Ringe sich geöffnet haben sollten. Uebrigens sei in Kurzem
bemerkt, dass die Ausführbarkeit derartiger Schläuche
für den gebräuchlichen Druck comprimirter Luft durch
meine lange fortgesetzten Experimente vollständig verbürgt ist.

Was die Systeme von Schraubenpropellern betrifft,
so dürften solche übereinandergestellte Flächen, nament-

lich wenn sie gewölbt sind, sehr gute Resultate ergeben; ich hatte schon vor Jahren den Antrag gestellt, so gebaute ‚Etagen-Propeller' zu probiren; es kam bei uns wohl nicht zu derartigen Experimenten,*) aber in der jüngsten Zeit wurden von dem amerikanischen Astronomen und Physiker Langley Versuchsresultate mit solchen Propellern in den Pariser Akademieberichten bekanntgegeben, und diesen zufolge sollen in der That, wie ich es seither vermuthete, solche selbst nahe übereinander angebrachte schiefe Propellerflächen sich in ihrer Wirksamkeit, d. h. Tragkraft, gegenseitig fast gar nicht stören.

Wenn ich Alles resumiren soll, so ergibt sich, dass jedenfalls mannigfache Vorversuche, namentlich bezüglich der Laternenconstruction, nothwendig sein würden; man könnte übrigens zu Anfang solche kleinere Captiv-Schrauben zu construiren unternehmen, die noch keinen Menschen emporzuheben bestimmt wären, sondern die nur den Zweck hätten, eine Anzahl, z. B. vier oder mehr photographische im Kreise angebrachte Moment-Apparate mit hinauf zu bringen, welche Apparate von unten aus auf elektrischem Wege geöffnet und geschlossen werden könnten.

Auf diese Weise wäre sehr bald ein Apparat geschaffen, der für Recognoscirungen wichtige Dienste leisten würde, und überdies als Vorstufe für die Ausführungen der grösseren Fessel-Schrauben und für Flugmaschinen überhaupt, resp. der Tragschrauben-Construction, dienen könnte.'

Eine Fessel-Station mittelst Fessel-Schrauben würde, vorbehaltlich etwaiger unwesentlicher Dispositions-Aenderungen, aus nachfolgenden Fahrzeugen bestehen:

---

*) Nur Herr Kress machte in Wien solche in kleinerem Style, die sehr zufriedenstellende Resultate ergaben.   D. V.

1. Ein Kessel, Ventilator und Oberflächen-Conden-sator, mit sechs Pferden, circa 2000 Kilogramm Gewicht,

2. eine Dampfmaschine und Compressor, sechsspännig, mit 2300 Kilogramm Gewicht,

3. ein Schlauchwagen, vierspännig, mit 1600 Kilogramm Gewicht,

4. zwei Werkzeug- und Requisitenwägen, vierspännig, mit 1000 Kilogramm Gewicht,

5. ein Telegraphenwagen, zweispännig.

In Summe sechs Fahrzeuge und 26 Pferde.

An Personal benöthigt selbe: einen Officier und zwölf Mann.

Die Unkosten der Versuche für eine Fessel-Station sind auf keinen Fall verlorene, sondern werden gewiss ein positives Resultat ergeben, da unbedingt die Anwendung für photographische Recognoscirung (besonders bei Anwendung von Danglmayer'schen Apparaten aus London, wobei die Bilder auf grosse Entfernung mit Vergrösserung und deshalb bedeutenderer Deutlichkeit aufgenommen werden) und meteorologische Beobachtungen sichergestellt sind. — Auch lassen sich solche Experimente im Kleinen mit geringen Kosten durchführen.

Gewinnung des Traggases.*)

Während die Ballons und ihre Ausrüstung mit Ausnahme des Goldschlägerhaut-Ballons so ziemlich schon in den ersten Kinderjahren der Aëronautik voll ausgebildet waren und seit dieser Zeit nur mehr unwesentliche Fortschritte machten, so gilt dies keineswegs von der Gasgewinnung. Stationäre Fesselballons beziehen ihr Gas von den Gasanstalten und benützen Leuchtgas, sind also grösser. Dies kommt im Grossen auf 9—10 kr. per Kubikmeter, und hat eine durchschnittliche Tragfähigkeit von: 0·5—0·6 Kg.

Viel schwieriger und kostspieliger stellt sich die Gasgewinnung für feldmässige Fesselballons. Es ist bis heute nur unvollkommen gelungen, den militär-technischen Anforderungen in dieser Hinsicht gerecht zu werden.

Man verlangt nämlich, dass das Traggas:

1. möglichst schnell und in ausgiebiger Menge überall dort zur Verfügung stehe, wo es benöthigt wird,

---

*) Quellen: ‚Die Fortschritte der Militär-Luftschifffahrt in der Füllung von Ballons‘, von W. L. Schleiffahrt, aus ‚Prometheus‘, Jahrgang III. Nr. 127, 1892.

‚Zeitschrift des deutschen Vereines zur Förderung der Luftschifffahrt‘. Band V ex 1886.

‚L'Année Scientifique et Industrielle‘ von Louis Figuier, XXX. Jahrgang 1889.

Patentschrift (Kais. deutsche). 12. Cl. Nr. 39898 ex 23. December 1887 und Gesetz vom 30. Juli 1887.

2. dass zur Erzeugung desselben möglichst wenig Rohmateriale mitzuführen, also an Gewicht zu sparen sei.

3. dass es möglichst tragfähig, also leicht sei.

Nachdem dieses Capitel zur Beurtheilung der einzelnen Systeme von ganz besonderer Wichtigkeit ist, sei es mir gestattet, etwas näher darauf einzugehen.

Von allen Gasen ist das Wasserstoffgas das leichteste, welches wir kennen, erwärmte Luft das schwerste Traggas, und merkwürdiger Weise sind sie beide die einzigen, welche bei feldmässigen Fesselballon - Stationen heute überhaupt in Betracht kommen.

So einfach warme Luft durch Verbrennung von Stroh und Schwefeläther oder dergleichen zu erzeugen ist, so complicirt gestaltet sich die Gewinnung des Wasserstoffgases. Wir unterscheiden hier zwei Grundtypen.

Entweder wird das Gas im Inlande erzeugt und dann in comprimirtem Zustande mit dem Ballone ins Feld geführt — die sogenannte englische Methode — oder es werden nur die Rohmaterialien mitgenommen und kurz vor dem Aufstiege das Gas erzeugt. In letzterer Hinsicht kennen wir eine nasse — die französische — und eine trockene Erzeugungsmethode. Ein Kriterium derselben folgt weiter unten und gebe ich hier nur das allgemein wissenswerthe, technische Detail.

Nach der englischen Methode werden circa 4 Kubikmeter Wasserstoffgas in eiserne Flaschen (Stahlcylinder) von den früher angegebenen Dimensionen comprimirt. Ein solcher Stahlcylinder, auch ‚Tube‘ genannt, wiegt 36 Kgr.

Für die Stahlbehälter machen Fabrikation und Compression des Gases besondere Anlagen nothwendig, die zweckmässig von der Luftschiffertruppe getrennt, in besonderen Fabriken eingerichtet werden.

In England, Frankreich und Italien hat man diesen Grundsatz befolgt; in Chatam, Chalais-Meudon und in Neapel befinden sich Gaserzeuger und Compressionspumpen, welche den Armeebedarf an comprimirtem Gase decken.

Die Stahlbehälter werden nur mit ganz reinem Gase gefüllt. Die grösste Gewähr für Reinheit bietet die elektrolytische Wasserzersetzung, und sie wird daher allgemein angewendet. Das nebenbei entstehende Sauerstoffgas wird zudem für einen mit Drummond'schem Kalklicht versehenen Beleuchtungsapparat verwerthet, welcher wegen seiner Handlichkeit und grossen Leistungsfähigkeit in der englischen und italienischen Armee Eingang gefunden hat.

Ich habe im Jahre 1888 in Birmingham in der Fabrik von Taunton, Delmard, Lane und Comp. einen so beschaffenen Beleuchtungs-Apparat gesehen und ganz hervorragend praktisch befunden. Derselbe besteht aus einem dreieckigen Stative (ähnlich dem eines Nivellir-Apparates) auf dem ein Kalkcylinder montirt ist. Das Ganze ist um eine horizontale und verticale Achse im Kreise drehbar und auf jeden beliebigen Punkt einstellbar.

Ein dünner, circa zwei Meter langer Schlauch stellt die Verbindung mit dem am Boden liegenden Tube, dem Behälter des auf 120 Atmosphären verdichteten Sauerstoffgases, her.

Der Apparat ist von zwei Mann leicht überallhin zu transportiren. In fünf Minuten kann er functioniren und gibt eine dem elektrischen Lichte gleiche Leuchtkraft. Wenn der Sauerstoff als Nebenprodukt des Wasserstoffgases gewonnen wird, sind auch die Kosten sehr geringe.

Bedeutsame Fortschritte sind in neuerer Zeit in der elektrolytischen Gasbereitung im Grossen zu verzeichnen, die lediglich dem Bedürfnisse, für Luftballons schnell reines Gas darzustellen, ihr Entstehen verdanken.

Bei dem gewöhnlichen Voltameter endigen die Elektroden in Platinplättchen, die in das angesäuerte Wasser, den Elektrolyten, eintauchen. Lässt man durch die Elektroden den elektrischen Strom gehen, so setzt sich am positiven Pol Sauerstoff, am negativen Wasserstoff in kleinen Bläschen ab. Beide mischen sich im freien Raume des Fläschchens und werden dann als Knallgas abgeführt.

Für eine industrielle Gasbereitung war diese Einrichtung nicht brauchbar. Die Beschaffung grosser Platintafeln war zu kostspielig. Ferner waren Versuche über die Trennung des Gases durch Scheidewände, welche den Leitungswiderstand nicht vermehrten, noch nicht hinreichend ausgeführt worden. Der Director des französischen Luftschiffer-Arsenals, Major Renard, hat einen neuen Voltameter erfunden, der die industrielle Darstellung grosser Gasmassen zu niedrigstem Preise gestattet. Er nimmt an Stelle des sauren Elektrolyten einen alkalischen und verwendet anstatt des Platins Eisen. Die Trennung der Gase erreicht er durch Legen einer Schichte Asbeststoff zwischen die Eisenplatten. Eine solche verhindert die Gasvermischung dadurch, dass sich die Wand über der Flüssigkeit nach Art der Capillargefässe vollsaugt. Wie ferner durch Versuche festgestellt worden ist, wird der Leitungswiderstand durch sie nicht nennenswerth beeinflusst. Das Renard'sche Voltameter ist ein 4 Meter hohes, cylindrisches Gefäss aus Eisenblech, welches zur Aufnahme der Flüssigkeit und zugleich als negative Elektrode dient. In der Mitte des isolirt und gasdicht aufgesetzten Deckels befindet sich unterhalb ein siebartig durchlöcherter Eisenblech-Cylinder von kleinerem Durchmesser, der die positive Elektrode darstellt. Letztere ist mit einem Sack aus

Asbeststoff überzogen, der am Deckel mit isolirtem Draht befestigt ist. Im Deckel sind ausserdem die Abzugröhren für die beiden Gase angebracht. Bei 27 Volts Spannung und 365 Ampères liefert ein derartiges Voltameter 158 Liter Wasserstoffgas in der Stunde und soll dabei nicht über 100 Francs kosten. Mit zwei solchen Voltametern in Chàlons angestellte Versuche haben allen Erwartungen entsprochen und Major Renard ist infolgedessen an die Ausführung einer grossen Anlage von 36 Voltametern geschritten, die bei 24stündiger Arbeit 137 Kubikmeter Wasserstoff und 68 Kubikmeter Sauerstoff liefern müsste. Der Preis des Wasserstoffes soll nicht mehr als 20 bis 30 Kreuzer pro Kubikmeter betragen.

Dieselbe Aufgabe, für Luftballons Wasserstoffgas zu produciren, hatte sich der russische Chemiker und Physiker Latchinoff gestellt und am 1. August 1888 patentiren lassen, während Renard's Patent vom 18. October 1890 datirt.

Er hat einen Apparat von 132 voltametrischen Elementen in 3 Reihen angeordnet. Jedes derselben besteht aus einem viereckigen Kasten aus Steingut, Glas oder Porzellan, das zu drei Viertel mit angesäuertem oder alkalischem Wasser angefüllt ist. In ersterem Falle endigen die Elektroden in zwei Kohlenplatten als Kathoden und einer Bleiplatte als Anode, die in der Mitte zwischen den Kathoden angebracht wird; im zweiten Falle bilden sie drei glatte oder gewellte Eisenplatten. An einer Seite des Kastens befindet sich ein trichterförmiger Ansatz zur Controle des Flüssigkeits-Niveaus und zum Nachgiessen. Zur Aufnahme des Gases ist auf den Kasten ein durch zwei Wände in drei Theile getheiltes Gefäss gasdicht aufgesetzt. Die inneren beiden Wände desselben tauchen etwa sechs Centimeter tief in die Flüssigkeit ein. Jeder der drei Räume hat ein Abzugsrohr, diejenigen der beiden äusseren Räume dienen zur Abführung des Wasserstoffgases. Die Elektroden sind von einander durch mit Asbeststoff überzogene Holzrahmen getrennt, um ein Vermischen der Gase zu verhüten. Das Gas wird zunächst in einen mit gebranntem Kalk oder mit Schwefelsäure gefüllten Trockner und Reiniger und darauf in den Gasometer eingelassen.

Die Compression des Gases erfolgt in England durch eine kleine Dampfpumpe von 8—10 Pferdestärken. Sie vollzieht sich in einem von drei Wasserkühlapparaten umgebenen Bronzecylinder nach und nach, indem das Gas von einem in den anderen, nächst kleineren, gepresst wird. (Verbund-Compressoren) Die Durchmesser dieser Cylinder betragen 152, 57 und 25 Millimeter. Am Ausflussrohre des letzteren wird der zur Aufnahme des Gases dienende Stahlbehälter angesetzt. Pumpen und Maschine sind auf demselben Gussstücke montirt. Ihre Leistungsfähigkeit beläuft sich auf Compression von vier Kubikmeter Gas in einer Viertelstunde; sie kostet ohne Kessel etwa 3500 Gulden.

Latchinoff schlägt Pumpen von Denajranze, Golaz oder Schwartzkopf vor. Der russische Kriegsballon, welcher nach seinen Angaben 640 m³ gross ist, braucht zur Füllung 160 Stahlcylinder. Eben derselbe Erfinder hatte den ausgezeichneten Gedanken, das Gas bei der elektrolytischen Zersetzung direct zu comprimiren, indem er diese in einem festen, dem Drucke Widerstand leistenden Stahlgefässe erzeugen will. Die hiefür projectirten Compressions-Apparate sind der Grösse nach so berechnet, dass sie bei einer Operation 4 m³ Wasserstoff und 2 m³ Sauerstoff liefern können. Ein jeder besteht aus einem Gussstahlcylinder mit kugelförmigem Boden und flachem Deckel, welcher in Folge Zwischenlage eines Bleiringes gasdicht aufzuschrauben ist. In der Mitte des Cylinders steht ein eisernes Rohr, an dem unten eine Schale aus nichtleitender Masse befestigt ist. Das Rohr hat eine durch die Wand des Gussstahlcylinders gehende isolirte Leitung. Am Deckel befinden sich in der Mitte und seitlich je ein Rohransatz, in denen ein Schwimmer mit kegelförmigem Ventile befestigt ist, der sich gegen die im Deckel befindlichen Ausflussöffnungen der Gase legen kann, sobald die Flüssigkeit zu hoch steigt. Die zweite Elektrode bildet der Gussstahlbehälter selbst. Lässt man durch diesen, mit etwa 20 Liter alkalischem Wasser gefüllten Voltameter einen starken elektrischen Strom hindurchgehen, so setzt sich der Wasserstoff am Gussstahlcylinder, der Sauerstoff am Eisenrohre ab. Die Schale dient zur Leitung der aufsteigenden Wasserstoffbläschen in den ringförmigen Raum. Der Raum für den Sauerstoff ist halb so gross, wie derjenige für das Wasserstoffgas. Entwickelt sich das Gas nicht gleichmässig in dem Verhältnisse 1 : 2 und z. B. im Uebermasse Sauerstoff, so wird das Niveau im ringförmigen Raume sinken, in der Mitte steigen. Dadurch muss das Ventil des Schwimmers sich gegen das Abflussrohr des Sauerstoffes legen, und nun zunächst eine Gasstörung, endlich ein Ueberdruck entstehen, der bis zum schliesslichen Ausgleiche des Niveaus in beiden Theilen des Voltameters andauert. Die Gase werden getrennt in zweckentsprechende Reiniger und darauf sofort in die Stahlcylinder geführt. Es entzieht sich unserer Kenntnis, wie weit die praktische Durchführung der ingeniösen Pläne des Russen Latchinoff gediehen ist; die Erfindung an sich gibt uns wieder ein Merkzeichen dafür, mit welchem Eifer und Geschick sich die Gelehrtenkreise in Russland der Militär-Luftschiffahrt annehmen.

Nach der französischen Methode wird der Wasserstoff durch Circulation von verdünnter Schwefelsäure über Zink oder Eisen gewonnen. Man nennt diese älteste Methode die nasse. Sie charakterisirt sich durch ihren enormen Materialverbrauch.

Der Gaserzeuger ist auf einem Wagen untergebracht und besteht im Principe aus einem grossen Gefässe von innen verbleitem Eisenbleche, welches mit Eisenfeilspänen gefüllt und oben hydraulisch verschlossen ist. In dasselbe dringt von unten durch eine durchlochte Bleiplatte die mit Wasser verdünnte Schwefelsäure, worauf nach der chemischen Formel:

$$H_2 S O_4 + Fe = Fe S O_4 + 2 H$$

Wasserstoffgas frei wird.

Dieses tritt aber nicht rein, sondern noch sehr wasserdampfhältig und mit kleinen Mengen Säuren vermischt aus, weswegen es in einem cylindrischen Wasserbottich gewaschen wird. Das Gas tritt hier von unten durch eine Anzahl kleiner Rohre ein, durchdringt eine Wasserschichte und wird gleichzeitig durch einen von oben kommenden künstlichen Regen gewaschen und abgekühlt.

Nun gelangt es in den Trockner, welcher aus zwei cylindrischen Eisenblechgefässen mit doppeltem, durchlöchertem Boden besteht, die mit Aetzkali und Calcium-Chlorür gefüllt sind, passirt dieselben wieder von unten nach oben und wird endlich durch einen seidenen Schlauch in den Ballon geleitet.

Mit der französischen Gaserzeugungs-Methode können in einer Stunde 200—250 Kubikmeter Wasserstoffgas gewonnen werden.

Um den Verbrauch von Säure und Eisen zu bestimmen, kann man auf die chemische Formel zurückgreifen, unter Berücksichtigung des Umstandes, dass die Resultate durch besondere Verhältnisse, unter denen der Gaserzeuger arbeitet, geändert werden können.

Die auf Grund der chemischen Reaction stattfindende Wasserstoff-Erzeugung gelangt durch folgende Formel zum Ausdruck:

$$H_2 S O_4 + Fe = Fe S O_4 + 2 H$$
$$98 \qquad 56 \qquad 152 \qquad 2$$

Daraus ergibt sich, dass man, um 2 Gramm Wasserstoff herzustellen, 98 Gramm Schwefelsäure und 56 Gramm reines Eisen braucht.

2 Gramm Wasserstoff nehmen bekanntlich ein Volumen von 0·022346 m³ ein; man braucht demnach, um 536 m³, die zur Füllung des Ballons nöthig sind, herzustellen, folgende Massen von Säure und Eisen:

$$\text{Schwefelsäure} \quad \frac{536}{0·022346} \cdot 98 = 2350 \text{ Kg.}$$

$$\text{reines Eisen} \quad \frac{536}{0·022346} \cdot 56 = 1343 \text{ Kg.}$$

Die Masse Schwefelsäure, die man thatsächlich gebraucht, ist in der Praxis etwas grösser als die aus der Formel abgeleitete, weil die Gaserzeugung zu lange Zeit in Anspruch nehmen würde, wenn man die Reaction einer bestimmten Quantität bis zu ihrer völligen Ausnützung zur Zersetzung des Eisens abwarten wollte.

Der Gaserzeuger ist darauf eingerichtet, dass die im Verhältnis 1 : 9 verdünnte Schwefelsäure ununterbrochen durch Eisenfeilspäne fliesst und das sich bildende Eisensulfat hinaustreibt.

Dadurch kann die Säure die fortwährend vom Sulfat befreite Oberfläche des Eisens mit umso grösserer Vehemenz während der ganzen Dauer der Operation angreifen.

Das angegebene Gasvolumen von 536 m³ kann in drei Stunden hergestellt werden, und die hiezu nöthige Säurenmasse wechselt zwischen 3000 bis 3200 Kilogramm. Wenn man die im Handel gebräuchliche Bleikammersäure verwendet, braucht man 4500 bis 4800 Kilogramm.

Das Eisen wird nicht ganz verbraucht; von 2000 bis 2500 Kilogramm bleiben 500 bis 800 Kilogramm im Apparate nach jeder Operation übrig.

Um den Preis der Materialien, wie sie sich im Allgemeinen ergeben, kennen zu lernen, sei in Folgendem diese Berechnung mitgetheilt.

Ballonfüllung: Schwefelsäure zu 52° B 4800 Kilogramm à fl. 1·08. der Centner = fl. 162; Eisenfeilspäne 2500 Kilogramm à fl. 0·60, der Centner = fl. 30; Kohle, Oel = fl. 8. zusammen fl. 200.

Verbrauch an Wasserstoffgas während der sieben folgenden Tage, berechnet nach einem täglichen Verluste von 25 m³ Wasserstoff: Schwefelsäure zu 52° B 1000 Kilogramm à fl. 1·08, der Centner = fl. 36; Eisenfeilspäne 600 Kilogramm à fl. 0·60, der Centner = fl. 7·20; Kohle. Oel (inbegriffen das für die Dampfwinde) = fl 20. zusammen fl. 63·20.

Demnach kostet die Füllung des Ballons fl 200, die Nachfüllung für die Fesselfahrten fl. 63·20, ferner der Verbrauch von Aetzkali und Calcium-Chlorür fl. 13·20, in Summa fl. 276·40

Rechnet man die Eisenfeilspäne nicht mit, weil sie direct von den Artillerie-Werkstätten bezogen werden können, so belaufen sich die Kosten für Füllung und siebentägige Uebung auf rund fl. 240.

Der Wasserverbrauch ist leicht zu berechnen unter Berücksichtigung des Verhältnisses 6 : 1. Rechnet man das specifische Gewicht der Schwefelsäure zu 1·845, so

beträgt die Wassermasse: $\dfrac{3200}{1\cdot 845}$ 9 = etwa 15.600

Liter. Da die Wassermasse, welche bei jedem Kolbenhub von der zweifachen Pumpe in den Gaserzeuger und den Waschbottich gebracht wird, im Verhältnis von 2 : 3 steht, bedarf es, um das Gas zu waschen, einer Wassermasse von

$$15.609 \times \frac{3}{2} = 23.414 \text{ Liter}$$

Man kann demnach für die Arbeit des Gaserzeugers bei einer Dauer von drei Stunden einen Wasserverbrauch von 40 m³ annehmen.

Ueber die Herstellung von reinem Wasserstoffe auf trockenem Wege bringt „L'Année Scientifique et Industrielle", herausgegeben von Louis Figuier im XXX. Jahrgang 1889, in der Abtheilung Chemie einen Artikel, welcher das Verfahren von W. Mayert und G. Richter bespricht. Dasselbe beruht nämlich auf der Erhitzung von Zinkpulver mit Kalkhydrat. Bei hoher Temperatur wirkt das Zink auf die Wassermoleküle der Kalkverbindung und gibt Zinkoxyd und Wasserstoffgas ab. Das Kalkhydrat lässt sich durch Aluminium-Cement und jeden anderen Körper, der mit Wasser chemisch verbunden ist, ersetzen.

Das Darstellungsverfahren ist, Dank der Anwendung eines geeigneten hydraulischen Abschlusses, ein ununterbrochenes. Wenn ein Rohr des Ofens kein Gas mehr liefert, öffnet man den Verschluss und führt neue Materialladungen hinein, ohne dass der aus den anderen Röhren des Apparates kommende Wasserstoff sich in die Luft entladen kann, weil alle Gasableitungsröhren in Wasser eingetaucht sind, bevor sie das Gas in das Sammelgefäss führen. Da die Darstellungsart eine ununterbrochene ist,

gewinnt man dadurch Zeit und Brennmaterial Wenn die
Zersetzung des Kalkhydrates durch das Zink ungehindert
von statten ginge, würde diese Erzeugungsart für gewisse
Fälle, z. B. für das Ballonfüllen der Armee im Felde,
grosse Vortheile bieten. — Das mitzuführende Gewicht
würde geringer sein, ohne von den Schwierigkeiten des
Mitführens der Säuren und der Unbequemlichkeit des
Transportes der letzteren in gewissen Gegenden zu reden.

Hingegen würde der Preis des Wasserstoffes beim
Zinkprocess zweimal höher sein als für denjenigen mit
Eisen und Schwefelsäure, aber diese Betrachtung hat
wenig Einfluss auf die militärische Verwendung.'

Das oben genannte Organ citirt weiters :

‚In Deutschland ist die Erzeugung des Wasserstoffes
auf trockenem Wege in den Luftschifferschulen sehr in
Gunst. Man hat es in der Luftschifferschule in Meudon
versucht, aber das Resultat der Versuche ist nicht sehr
günstig ausgefallen.'

Die Patentschrift (kais. deutsches Patent : 12. Classe
Nr. 39.898. Ausgegeben den 23. December 1887. —
Patentirt vom 19. October 1886 ab) gibt über das
Mayert-Richter'sche Verfahren folgende Daten :

‚Das neue Verfahren basirt auf dem Verhalten des
Zinkstaubes, beim Erhitzen mit Wasser abgebenden Körpern
dieses derart zu zersetzen, dass sich Wasserstoffgas und
Zinkoxyd bildet. Die Reaction zwischen Zinkstaub und
Kalkhydrat ist schon bekannt. Ein Gemisch von Zinkstaub und durch einfaches Löschen von gebranntem Kalk
erzeugtem Kalkhydrat hält sich aber nicht lange, weil
das auf diese Weise dargestellte Kalkhydrat immer noch
mechanisch gebundenes Wasser enthält, welches sehr
bald mit dem Zinkstaub in Reaction tritt.

5*

Diesen Uebelstand vermeidet man dadurch, dass man das Kalkhydrat vor dem Mischen mit Zinkstaub durch Erhitzen auf circa 300 Grad von dem nicht chemisch gebundenen Wasser befreit. Ein solches Gemisch tritt selbst beim längeren Erhitzen auf 100 Grad nicht in Reaction. Dieses Gemisch entwickelt erst bei höherer Temperatur, kurz vor Rothglut, Wasserstoff. Besser eignen sich zur Erzeugung von Wasserstoff Gemische von Zinkstaub mit getrocknetem Magnesia-Hydrat, dem zweifach gewässerten Chlorcalcium oder der Doppelverbindung von Chlorcalcium mit Chlormagnesium, Chlornatrium, bezw. Chlorkalium.

Behufs praktischer Darstellung des Wasserstoffgases verfahren wir folgendermassen:

Das Gemisch von Zinkstaub mit dem Wasser abgebenden Materiale wird in Blechbüchsen von circa zehn Centimeter Durchmesser und 40 Centimeter Länge gefüllt, welche fest verlöthet werden. An der Stelle, wo die Längsnaht sich befindet, sind die Büchsen abgeflacht: Fig. 5.

Fig. 3 stellt den zur Erzeugung des Wasserstoffgases dienenden fahrbaren Apparat im Längenschnitt, Fig. 4 im Querschnitte dar; derselbe besteht aus einem aus Eisenblech verfertigten Kessel A, welcher auf den Rädern b montirt ist.

In die Stirn- und Rückwand des Kessels A sind die Röhren c dicht eingelassen, d ist die Feuerung, B der Schornstein, e sind zwei Wände im Innern des Kessels, a mit Oeffnungen für die Röhren c. Die Wände bewirken, dass die Flamme den durch die Pfeile angezeigten Weg nach dem Schornstein, welcher niederlegbar ist, nimmt. Nach aussen hin werden die Röhren durch die beiden Thüren g luftdicht abgeschlossen. Die Thüren gehen in zwei Angeln und fassen mit einem vorspringenden Kranze

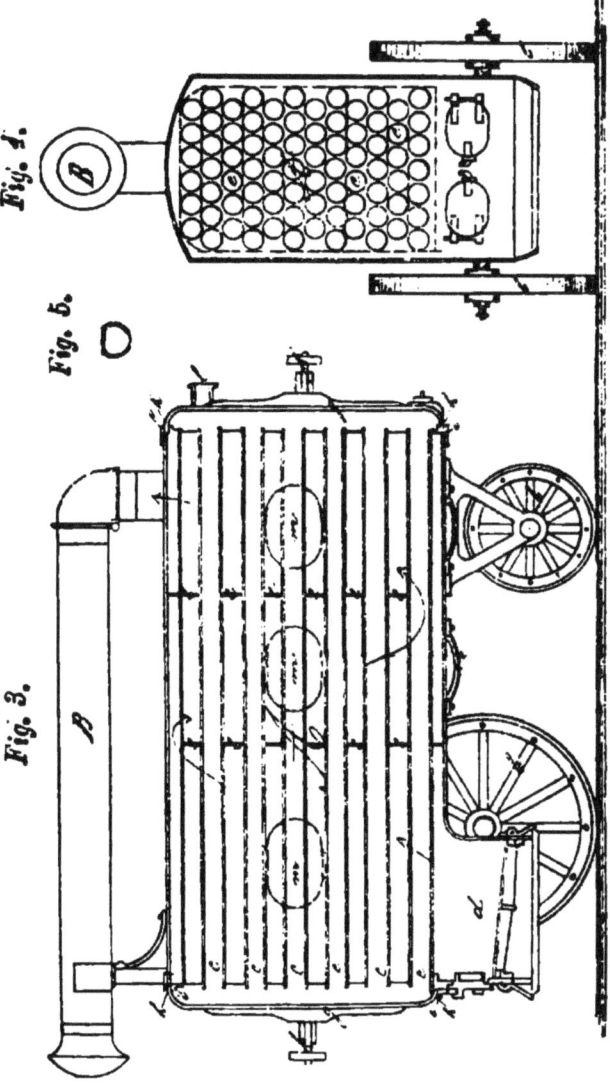

Fig. 4.

Fig. 5.

Fig. 3.

Apparat zur Herstellung von Wasserstoffgas auf trockenem Wege. (System Richter-Mayert.)

h in die Nuth *i*, in welcher sich ein Asbestring zur Dichtung befindet; *k* ist eine Spindel mit Handrad und dient zum festen Anpressen der Thür, *l* ist das Abzugsrohr für das sich entwickelnde Wasserstoffgas, *m* sind Reinigungs-Oeffnungen zur Entfernung des Flugstaubes.

Die das Gasentwicklungsgemisch enthaltenden Blechbüchsen (Patronen) werden in die Röhren geschoben. der Verschlussdeckel festgeschraubt. Man erzeugt dann ein kräftiges Feuer und leitet das sich entwickelnde Wasserstoffgas durch das Rohr *l* zur weiteren Verwendung (Füllen von Luftballons) ab. Schon zu Anfang des Erhitzens schmilzt das Loch der Patronen und der Wasserstoff kann infolgedessen entweichen.

Zusatz zum Patent Nr. 39898 vom 19. October 1886. Patentirt im Deutschen Reiche vom 30. Juli 1887 ab.

Ausser den im Haupt-Patent angeführten Körpern eignen sich noch besonders ein Gemisch von Zinkstaub mit abgebundenem (hydratisirtem) Cement, den Bauxiten, Thonerde-Hydrat, wasserhaltigem Alkali-Thonerde-Hydrat, Natronhydrat oder Kalihydrat, einem Gemisch vorstehend genannter Körper unter einander oder mit den im Patent Nr. 39898 aufgeführten Hydraten zur Entwicklung von Wasserstoffgas auf trockenem Wege.

Man mischt diese Körper in solchen Mengen mit Zinkstaub, dass auf ein Molekül Zinkstaub ein Molekül chemisch gebundenes (Hydrat-) Wasser kommt.

Die Mischung wird wiederum in Blechhülsen eingefüllt (Patronen) angewendet.

Anstatt das Kalkhydrat von dem nicht chemisch gebundenen Wasser durch Erhitzen zu befreien, stellt man zweckmässig kein freies Wasser enthaltendes Kalkhydrat dadurch her. dass man das, freies Wasser enthaltende Kalkhydrat mit so viel feingemahlenem Aetz-

kalk mischt, dass auf ein Molekül freies Wasser ein
Molekül Aetzkalk vorhanden ist.

Es hat sich in der Praxis als vortheilhaft erwiesen,
an Stelle des durch das Patent Nr. 39898 geschützten
Apparates einen continuirlich wirkenden Apparat an-
zuwenden.

Dieser continuirliche Entwickler ist folgendermassen
construirt:

Eine Anzahl Röhren befinden sich in einem durch
die Feuerung heizbaren, mit Mantel umschlossenen Raum.
Jedes einzelne Rohr trägt ein Ableitungsrohr und ist
an der entgegengesetzten Seite durch den Verschlussdeckel und die Bügelschraube erschlossen.

Die Ableitungsröhren münden in eine Vorlage. In
dieser tauchen dieselben in Wasser und werden durch
dasselbe verschlossen.

Das entwickelte Gas muss das Wasser passiren und
gelangt dann durch das Rohr nach seinem Ver-
wendungsorte.

Die andere Vorlage ist durch die Zwischenwand
in zwei Theile getheilt. Der eine Theil ist offen,
während der andere Theil geschlossen und mit dem
Ableitungsrohre versehen ist. Die von den Entwick-
lungsröhren abführenden Röhren sind unter Wasser der-
artig U-förmig gebogen, dass das entwickelte Gas in den
geschlossenen Theil der Vorlage gelangt. Durch diesen
Apparat ist eine continuirliche Gasentwicklung gestattet,
da jedes einzelne Rohr durch Wasserabschluss unabhängig von einem anderen Rohr ist, und deshalb, sobald in einem Rohre das Entwicklungsmaterial ausge-
nutzt ist, dasselbe während des Betriebes geöffnet, entleert und neu beschickt, ja selbst im Falle es schadhaft
geworden ist, durch ein neues Rohr ersetzt werden kann.

Ausser den hier angeführten Methoden gibt es noch manche andere. So hat man auch mit Erfolg versucht, aus Petroleum Wasserstoffgas darzustellen.

Die Patentschrift Nr. 55013 des kaiserl. Patentamtes enthält die Beschreibung eines vom 22. April 1890 an im Deutschen Reiche patentirten Apparates zur Erzeugung von Wasserstoff zum Füllen von Luftballons von Dr. Johann Blum in Berlin. Der Apparat besteht der Hauptsache nach aus 3 in einer gemeinsamen Feuerung angeordneten und luftdicht abgeschlossenen Behältern, von denen der eine zur Erzeugung von Wassergas, der zweite zur Erzeugung des Dampfes und der dritte als Oxydationsgefäss dient. In dem mit Kupferspähnen gefüllten Wassergas-Generator kann mit Hilfe einer Pumpe ein Gemisch von Petroleum und Wasser, welches in zwei getrennten Kästen über den drei Behältern sich befindet, gespritzt werden. Das sich hiebei bildende Wassergas wird durch ein Rohr nach dem Oxydationsgefässe geleitet, während gleichzeitig aus dem Dampfentwicklungsbehälter Wasserdampf in das Oxydationsgefäss geführt wird. Die Speisung des Dampfentwicklers erfolgt durch ein Rohr aus dem vorher erwähnten Wasserbehälter. Der Oxydations-Behälter ist mit Nickelstückchen angefüllt, welche durch die Feuerung stark erhitzt sind, so dass das aus dem Generator eingeführte Wassergass und der aus dem Dampfentwickler zuströmende Wasserdampf sich mischen und auf die erhitzten Nickelstückchen treffen. Hierdurch wird der Wasserdampf zersetzt und der freigewordene Sauerstoff oxydirt das Kohlenoxyd des Wassergases zu Kohlensäure, so dass aus dem Oxydationsbehälter ein Gemisch von Wasserstoff und Kohlensäure durch das angebrachte Rohr entweicht. Dieses Gemisch wird durch ein Rohr nach einem Kalkwasser enthaltenden, geschlossenen Behälter

geleitet, in welchem die Kohlensäure durch den Kalk
gebunden wird, während der reine Wasserstoff nach
dem Ballone geleitet wird.

Die Herstellung des reinen Wasserstoffgases beruht
also hier auf der Oxydation des im Wassergase vorhandenen Kohlenoxydgases zu Kohlensäure und dem
nachträglichen Binden der letzteren durch Kalk.

Nachdem nähere Daten über die Herstellungkosten
des Gases, sowie über die Leistungsfähigkeit des Apparates
bei dieser und noch einigen anderen hier nicht weiter
beschriebenen Methoden nicht in Erfahrung zu bringen
waren, wurden dieselben auch in der nun folgenden Ver-
gleichung der einzelnen Systeme nicht näher berücksichtigt.

Vor- und Nachtheile der einzelnen Fessel-Systeme.

Es obliegt mir nun an der Hand der oben gegebenen Daten, die Vor- und Nachtheile der einzelnen Fessel-Systeme kurz zu beleuchten.

Nachdem das eigentliche Ballonmateriale der verschiedenen Staaten wenig Unterschiede aufweist, im Allgemeinen die Wasserstoffgas-Ballons den an sie gestellten Anforderungen, wie grosse Dichtigkeit der Hülle, möglichste Leichtigkeit etc. entsprechen, so wird die nachfolgende Besprechung sich mehr mit einem Kriterium der Füllungsarten zu befassen haben.

Wollen wir die einzelnen Systeme erfolgreich mit einander vergleichen, so müssen uns bei jedem derselben folgende Daten zur Verfügung stehen:

1. Das mitzuführende Gewicht für die Gaserzeugung zur einmaligen Füllung eines Ballons von ganz bestimmter Grösse,

2. die Colonnenlänge des gesammten Trains,

3. die Zeitdauer, welche zur Indienststellung benöthigt wird,

4. die Zahl der Mannschaften, Pferde und Wägen,

5. die Kosten jeder Station,

6. sonstige, den einzelnen Systemen anhaftende Eigenthümlichkeiten.

Diese Daten sind in nachfolgenden Tabellen, soweit sie erhältlich oder durch Combination festzustellen waren, enthalten.

Name des Systems	Gewicht des Materials in Kg. für die einmalige Gasbereitung zur Füllung eines Ballons von 530 m³	Colonnen-länge ca.	Zeitdauer für die Indienst-stellung in Stunden ca.	Anzahl der			Approximat. Kosten der Station	Sonstiges
				Be-dienungs-Mann-schaft	Pferde	Wägen		
französisches (nasse Methode)	46.000	200	3—4	40	68—80	16—20	50.000	Sammt Wasserbedarf
Richter-Mayert (trockene Methode)	?	100	2	?	? 32—40	? 9—11	Dürfte sich bedeutend höher als beim französischen Systeme stellen	
englisches (comprimirtes Gas)	5000	80	¹/₃—³/₄	22	30	9	35—40.000	Hiezu kämen noch die Installirungskosten der Fabrik für das Comprimiren des Gases
belgisches (Warmluft-ballons)	200	70	³/₄	20	28	7	15—20.000	Noch nicht praktisch erprobt.
Fessel-schraube	·	60	¹/₂	12	26	6	? 35.000	

System	Ballonwagen	Wägen zur Herbeischaffung und Bereitung des Traggases		Kesselwagen	Dampfmasch. u. Compressor	Ballonwinde	Sonstige Wägen				Summe
		Gaserzeuger	Materialwägen				Werkzeuge und Requisiten	Telegraphenwagen	Geräthwagen	Proviantwagen	
französisches (nasse Methode)	1	2	8–10			1	2	1		1	16–20
Richter-Mayert (trockene Methode)	1	2	Vermuthlich 4–6		·	1	1	1		1	11–13
englisches comprimirtes Gas	1		4			1	1	1	1	1	9
belgisches (Warmluft-ballons)	1	·	1		1	1	1	1	1	1	7
Fessel-schraube	1	·		1	1	1	2	1			6

Wenn auch, wie es in der Natur der Sache liegt, die von Seite der betheiligten Staaten eine möglichste Geheimhaltung ihrer militärischen Kriegsrüstungen fordert, einzelne der Daten nicht ganz genau mit der Wirklichkeit übereinstimmen, so muss das doch von dem Grossen und Ganzen zugegeben werden.

Jedenfalls sind die Daten für unseren Zweck genau genug und lassen erfolgreiche Vergleiche zu.

Angenommen, es wäre ein Ballon von 530 Kubikmeter als Fesselballon zu verwenden, so sind, eine einmalige Füllung vorausgesetzt, je nach dem Systeme die auf Seite 76 verzeichneten Wägen erforderlich.

Wie aus den beiden vorstehenden Tabellen hervorgeht, ist das mitzuführende Gewicht für die Gaserzeugung beim französischen Systeme weitaus am grössten und wird der Reihenfolge nach immer kleiner beim Richter-Mayert'schen, englischen, belgischen Systeme und bei der Fessel-Schraube.

Aber wie das Gewicht in dieser Reihenfolge fällt, so nimmt im Gegentheile die leichte Indienststellung in demselben Maasse zu.

Während man zum französischen Systeme drei bis vier Stunden, zum Richter-Mayert-Systeme einer approximativen Schätzung nach circa zwei bis drei Stunden benöthigt, den Ballon hochzulassen, erfordern die drei anderen Systeme dazu kaum mehr als eine halbe Stunde Zeit. Ebenso gewinnt natürlich auch die leichte Beweglichkeit des gesammten Trains.

Ueberprüfen wir nun die einzelnen Systeme mit Rücksicht auf die von militärischer Seite aufgestellten technischen Grundforderungen bezüglich des möglichst langen Indienstbleibens und der Forderung. dass das System, einmal kampfunfähig gemacht, möglichst schnell

wieder hergestellt, überhaupt schnell und sicher in
Dienst gestellt werde, so ergibt sich, dass ein Ballon
umso länger in Dienst bleiben kann, je mehr die Hülle
gasdicht ist, je weniger stark der Wind weht und je
weniger leicht er getroffen wird Die Gasdichte der Hülle
ist bei allen Systemen so ziemlich gleichartig anzunehmen.

Ein Ballon hält heute fast sechs Tage sein Gas,
ohne dass grössere Nachfüllungen nöthig würden. Nach
acht Tagen allerdings ist das Gas durch Diffusion schon
so sehr mit der Luft vermengt, dass es nicht mehr tragfähig ist; es muss entleert und eine neue Füllung gemacht werden.

Damit kommen wir zu dem Capitel der Nachfüllungen. Für diese Nach-, respective Neufüllungen muss entweder das Rohmateriale oder das Gas neu herbeigeschafft
werden. In diesem Punkte weist das belgische System allen
anderen gegenüber eine solche Ueberlegenheit auf, dass
man nicht umhin kann, trotz mancher anderer ihm an-
haftenden Schwerfälligkeiten, ihm einen grossen Vorzug
gegen die sonstigen Fessel-Systeme einzuräumen. Kein
anderes kann eine Nachfüllung so schnell und mit so
wenig Mitteln jederzeit durchführen. Es sind nur einige
Bunde Stroh und etwas Schwefeläther dazu erforderlich.
Für alle anderen Füllungsarten muss das Materiale mit
grossen Umständlichkeiten und Kosten meist weit herbeigeschafft werden, und dauern die Füllungen bedeutend
länger. Ist somit in dieser Hinsicht die Montgolfière der
Charlière weit überlegen, so ist nun noch eine Ver-
gleichung dieser letzteren unter sich geboten.

Wohl sind Eisenfeilspäne und Schwefelsäure fast
überall erhältlich, aber es frägt sich, ob sie wohl auch
in genügender Menge am Kriegsschauplatze zu bekommen

sind, ob sie vielleicht nicht schon im Frieden deponirt werden sollen etc.

Der Transport der Säure ist nicht so leicht, und dem Ganzen haftet eine grosse Umständlichkeit an.

Zinkstaub ist nicht an allen Orten erhältlich, es müsste dieser also auf alle Fälle schon im Frieden deponirt werden.

Die Füllung der Flaschen mit Wasserstoffgas endlich muss immer in eigens hiezu eingerichteten Fabriken geschehen. Es haben also stets die leeren Flaschen, respective die ganzen Flaschenwägen rück- und die vollen vorgesendet zu werden.

Dafür aber entfällt die Gasbereitung im Felde und geht das Füllen ungemein rasch und sicher vor sich. Der Transport, einmal eingeleitet, bereitet nicht mehr Schwierigkeiten, Arbeit und Combination als der Munitionsersatz der Artillerie. Im Gegentheile, die Sache ist, entsprechende Ausrüstung der Station und kluge Disponirung vorausgesetzt, ziemlich einfach.

Will man sich ein vollständiges Urtheil über das englische System bilden, so muss zugleich mit den Vortheilen auch ein Nachtheil, der im übrigen allen mit Wasserstoff gefüllten Fessel-Stationen anhaftet, hervorgehoben werden.

Da die ursprüngliche Füllung der Flaschen nur in der eigens hiezu eingerichteten Abtheilung der Fabrik im Basislande geschehen kann, müssten, um nicht von der Dauer einer einzigen Füllung allein abzuhängen, mehrere Wägen mit Flaschen ins Feld mitgenommen werden, was natürlich den Train verlängert.

Auch ist ein derartiger Wagen mit einem Dynamit-Transporte zu vergleichen. Die Explosion einer einzigen Flasche würde sehr grosse Zerstörungen nach sich ziehen.

Immerhin indessen ist dies allein kein Grund, das ganze, entschieden sehr praktische System fallen zu lassen. Seit der Einführung des Mannesmann'schen Verfahrens bei Erzeugung von besonders widerstandsfähigen Röhren und durch Erfindung des Schieseophons ist es möglich, besonders sichere und leichte Hohlkörper zu erzeugen, welche im Stande sind, bei geringem Gewichte grosse Widerstandsfähigkeit aufzuweisen, so dass hier nicht mehr Gefährlichkeit vorhanden ist, als bei Ecrasit-Transporten.

Auch das Eisen und die Schwefelsäure sind in solchen Massen, wie sie benöthigt werden, nicht an Ort und Stelle vorhanden, sondern müssen nachgeführt werden. Bei Annahme des englischen Systems wären nicht nur die eigentlichen Fessel-Stationen mit mehr Gasvorräthen auszustatten, als eben für eine einmalige Füllung und Nachfüllung benöthigt werden, sondern auch noch die Reserve-Anstalten erster und zweiter Linie mit solchen Vorräthen zu betheilen.

Durch die grossen Vortheile des englischen Verfahrens bei Füllungen wurden auch thatsächlich die meisten Staaten — Frankreich mit eingerechnet — bewogen, diese Methode zur Füllung ihrer Ballons anzunehmen.

Italien verwendete diese Stahlcylinder schon bei Massaua, und Frankreich sowie Russland bei den vorjährigen Manövern.

Ueber den Einfluss des Windes und das Beschiessen des Ballons wurde im Allgemeinen schon oben gesprochen.

Mit Rücksicht auf die verschiedenen Systeme ist hervorzuheben, dass der Wind den Fessel-Stationen umso ungünstiger wird, je grössere Angriffsflächen sie ihm bieten. Je kleiner demnach der Ballon bei gleicher Steigkraft, desto besser: andererseits wird der Ballon wieder umso stabiler sein, über je mehr Auftriebskraft er verfügt, also je grösser er ist.

Offenbar entspricht — gleiche Steighöhe und gleiche Anzahl mitzunehmender Beobachter vorausgesetzt — das belgische System am wenigsten, denn der Ballon muss hiebei bedeutend grösser gehalten werden, um Gleiches wie die übrigen zu leisten. Aber allen diesen Ballonsystemen haftet der Fehler an, dass sie bei stärkerem Winde als 8—10 Meter per Secunde nicht zu gebrauchen sind.

Was würde der schönste Tag, die übersichtlichste Gegend, der beste Beobachter nützen, wenn der Wind sein Veto gegen die Recognoscirung einlegte und den Ballon unbarmherzig in grossen Pendelbewegungen nieder zur Erde zwänge, und derartige Stösse hervorbringen würde, dass ein Verweilen im Korbe unmöglich wäre. Dieser Uebelstand haftet jedem Systeme an, das mit Ballons zu rechnen hat, und den Montgolfièren in noch erhöhterem Maasse als den Charlièren.

Die Schwierigkeit der Gasbeschaffung und die Unmöglichkeit, bei stärkerem Winde zu beobachten, sind die Hauptgründe, welche die Gegner der Fesselballon-Stationen mit Recht hervorheben.

Nachdem trotz aller Verbesserungen die Fessel-Station niemals vom Winde unabhängig gemacht werden kann, so war man bemüssigt, einen Ersatz für den Ballon zu suchen.

Der Gedanke drängte sich wie von selbst auf, die Technik bemächtigte sich seiner, gab ihm concrete Formen, und so entstand — vorläufig im Projecte — die Fessel-Schraube.

Dieser ist der Wind, der bekanntlich mit der Höhe zunimmt, nur förderlich, die Gasbereitung entfällt bei ihr ganz. Materiale, um Dampf oder comprimirte Luft zu erzeugen, findet sich überall. Einige Stücke Kohle oder Holz und etwas Wasser ist aller todter Ballast, den sie mitnimmt — und das ist jederzeit leicht zu erlangen.

6

Vielleicht wird die Fessel-Schraube nicht die Höhe
des Ballons erreichen — 500 Meter dürfte das Maximum
ihrer Steighöhe betragen, — dafür wird sie aber, sind einmal die technischen Schwierigkeiten ihrer Construction
überwunden, kein problematisches Mittel, sondern ein
verlässliches Observatorium bilden.

Aehnliches wie das vom Winde Gesagte gilt auch bezüglich des Beschiessens, respective Getroffenwerdens.

Die Montgolfière bietet als die grösste Fläche auch
die grössten Zielpunkte.

Allerdings ist bei ihr ein Getroffenwerden der Hülle
nicht entfernt von so weittragenden Folgen wie bei den
Charlièren, deren Füllung nur schwer zu ersetzen ist.

Der Schaden an der Hülle bei Ballons kann leicht
und schnell ausgebessert werden.

Anders verhält es sich bei der Fessel-Schraube;
diese nimmt allerdings gegenüber dem Ballone verschwin-
dende Dimensionen ein, so dass ein Treffen derselben
oder des Schlauches nur durch einen ganz besonderen
Zufall zu befürchten wäre. — Geschieht dies jedoch, so
sind, abgesehen von den schweren Verletzungen der Auf-
fahrenden, tagelange Reparaturs-Arbeiten zu deren Wieder-
herstellung erforderlich. Es wird sich sonach die Mitnahme einzelner Reserve-Bestandtheile empfehlen.

Mit Ausnahme des französischen Systems beträgt die
Colonnenlänge der Fessel-Station nicht mehr als bis zu
100 Schritte, bei der Fessel-Schraube gar nur 60 Schritte.
Mit Abnahme der Wägen etc. nimmt auch die Anzahl
der Leute und Pferde ab. Auch hier verdient die Fessel-
Schraube den Vorzug vor allem Anderen.

Ueberblicken wir nochmals die einzelnen Systeme,
so müssen wir uns sagen, dass das französische
im veraltern sei.

Die ihm anhaftende Schwerfälligkeit und Umständlichkeit trägt die meiste Schuld, dass selbst heute noch
die Militär - Aëronautik so viele Gegner zählt. Thatsächlich sind in allerneuester Zeit alle Grossstaaten —
mit Einschluss Frankreichs — vom französischen Systeme
zu dem englischen übergegangen.

Ich habe schon in meinem im Jahre 1889
erschienenen Aufsatze*) auf die Vortheile desselben hingewiesen, und der Einführung speciell dieses Systems warm das Wort gesprochen,
nachdem ich es im Jahre 1888 in London und
Birmingham aus eigener Anschauung kennen
lernte.

Erst das englische System machte die
Fessel-Ballons zu einem auch im Feldkriege
brauchbaren Kriegsgeräthe.

Ich bin überzeugt, dass mit ihrer Einführung eine
Menge gegnerischer Stimmen verstummen werden.

Das belgische System bedarf noch des gründ-
lichen Studiums und dann der eingehendsten praktischen
Erprobung. Dasselbe gilt von der Fessel-Schraube.
Aber während die Warmluftballons selbst bei vollkommenster
Durchbildung immer nur einen Nothbehelf bilden werden,
glaube ich der Fessel-Schraube. wie der Aviatik überhaupt, allein einen dauernden Erfolg in der Zukunft voraus-
sagen zu dürfen. Die auf sie verwendeten Geldmittel
werden reiche Zinsen tragen.

---

*) Erschienen im Organe der militär-wissenschaftlichen Vereine
XXXIX. Band: „Das englische Ballonmateriale" betitelt.

Ueber die Militär-Aëronautik in Tonkin.

In neuerer Zeit fand der Fesselballon ausser bei vielen Manövern zu Land und zur See Anwendung durch die Franzosen in Tonkin, durch die Engländer im Sudan, durch die Holländer in Sumatra und durch die Italiener bei Massaua

Am interessantesten ist seine Verwendung in Tonkin, weil, wie aus Folgendem erhellt, der Fesselballon auch in gefülltem Zustande für die Truppen trotz rascher Bewegungen des Feldkrieges kein Marschhindernis verursachte und deshalb auch nicht die Nothwendigkeit eines Verzichtes seiner Dienste aus diesem Grunde eintrat.

Französischen, zu wenig in die Oeffentlichkeit gedrungenen Berichten, sei Folgendes entnommen:*)

Der heldenmüthige Widerstand, welchen die „Pavillons-Noirs“ in Sontay den so energisch durch Admiral Courbet geführten Truppen entgegensetzten, zeigte, dass es nicht mehr undisciplinirte, schlecht bewaffnete Horden von Gegnern waren, die die Franzosen vor sich hatten, sondern vielmehr entschlossene Kämpfer, mit denen man rechnen musste.

Es wurde denn auch die Entsendung von drei Generalen mit grösseren Truppen-Verstärkungen be-

---

*) Die „Revue du Génie“ gab in der 5. Lieferung (September und October) einen Auszug aus dem Operations-Journal über die Märsche und Operationen der aëronautischen Section in Tonkin. Desgleichen brachte über dieses Thema die „Revue de l'Aéronautique“ Jahrgang 1888, einen sehr lesenswerthen Aufsatz.

schlossen. Man fügte diesen Truppen eine Abtheilung
von Luftschiffern bei; die Abtheilung bestand aus zwei
Officieren, dem Hauptmann Aron und dem Lieutenant
Jullien, fünf Unterofficieren, acht Corporalen und 23
Sappeuren.

Das Etablissement von Chalais erhielt den Befehl,
das nöthige Materiale vorzubereiten. *)

Die Nachrichten, welche man über den Zustand
der Wege hatte, liessen den Schluss ziehen, dass es
unmöglich sein würde, das vorschriftsmässige, in Frankreich erzeugte Materiale in Tonkin mitzuführen.

Unter diesen Umständen war die Anwendung eines
Ballons von nahe an 600 Kbm. Inhalt, welcher von den
Leuten hätte transportirt werden sollen, unmöglich, man
nahm also zu einem kleineren Ballon seine Zuflucht.
Nebstbei musste man leicht transportirbare Kisten ver-
fertigen, um das ganze Materiale darin unterzubringen.
Diese Arbeiten wurden in Chalais mit ausserordentlicher
Schnelligkeit betrieben und in weniger als 14 Tagen war
Alles bereit.

Das Wasserstoffgas sollte auf eine neue, vor Kurzem
in Chalais versuchte Art erzeugt werden. Es erhoben sich
manche Befürchtungen, den Transport eines gefirnissten

---

*) Admiral Courbet, welcher glaubte, bis zur Kette der Tirail-
leurs kommen zu können, um die Stellung des Feindes besser zu
erkennen — in dem Delta ist das Terrain so flach, dass das geringste
Bambusgesträuch vollständig die Aussicht nimmt — hätte sehr ge-
wünscht, Ballons zu seiner Verfügung zu haben. Er gestand gerne
zu, dass bei dem Angriffe von Phu-Sa, welcher sehr mörderisch für
die französischen Truppen war, ein Observatorium in den Lüften
ihm die grössten Dienste geleistet hätte. Dasselbe wäre der Fall
gewesen, bei dem Ausschiffen in Kelung, wo infolge Mangels
an Nachrichten, die Truppen auf Vorpostenstellungen stiessen,
deren Existenz man nicht ahnte, und sich rasch zurückziehen mussten.

Ballons in tropischen Regionen betreffend. Besonders
befürchtete man, dass sich der Firniss während der
Fahrt durch das Rothe Meer verändern würde. Es wurde
der Ballon infolgedessen nicht im Zwischendeck untergebracht, wo die Temperatur oft eine äusserst hohe ist
und es schwierig gewesen wäre, ihn zu untersuchen,
sondern man deponirte ihn auf dem Deck in einer Ecke
beim Steuerrade; er litt auch nicht im Mindesten
während der Ueberfuhr. Man hatte die Vorsicht beobachtet, ihn einzuölen, ehe man ihn einpackte, und
zwischen jede Falte feine, in Oel getränkte Papiere
zu legen.

Operationen in Tonkin.

Marsch gegen Bac-Ninh.

Kaum in Hanoï ausgeschifft und installirt, erhielt
auch die Luftschiffer-Abtheilung schon den Auftrag, sich
zum Marsche mit den Colonnen vorzubereiten, welche
man gegen Bac-Ninh dirigiren wollte. Der Aufbruch war
ursprünglich für den 7. März 1884 bestimmt — die
Füllung des Ballons fand am 3. statt, da einige Auffahrten zur Probe in Hanoï versucht werden sollten.

Die Abreise der Brigade Brière de l'Isle von Hanoï,
mit welcher die Luftschiffer zu marschiren hatten, wurde
um einen Tag verschoben, und man füllte den Ballon
am 7. März nach, um die während der Aufstiege er-
littenen Gasverluste auszugleichen. Den 8. Morgens setzte
die Colonne (mit gefülltem Ballon) über den Rothen Fluss.
Ungeheuere Bananen durchkreuzten vielfach den Pfad.
So oft ein derartiges Hindernis sich zeigte, musste es
durch Hinabsteigen in die um diese Jahreszeit über-
schwemmten Reisfelder umgangen werden. Aus diesem
Grunde war der Marsch der Luftschiffer sehr ermüdend.

Nur unter Anwendung äusserster Kraftanstrengung gelang es die Stricke zu halten, da sich zum Ueberflusse ein heftiger Wind erhoben hatte.

Dennoch hielten die Luftschiffer vom 8. bis 11. März mit den anderen Truppen gleichen Schritt.

Eine von der Gondel des Ballons aus unternommene Recognoscirung der Stellung von Trung-Son wurde Nachmittags von der 1. Brigade eingeleitet und bei hereinbrechender Nacht beendet. Obwohl der Wind ziemlich stark wehte, hielt sich die Gondel in einer Durchschnittshöhe von 150 Metern. Den nächsten Tag, am 12. März gegen die Mittagszeit. befand sich die 1. Brigade den Höhen von Trung-Son gegenüber.

Die Luft war sehr ruhig, das Kabel vertikal entrollt, die Beobachter schwebten in einer Höhe von 250 Metern und ertheilten mündliche Meldungen über Schussbeobachtungen, über die Stärke des Feindes an einzelnen Punkten, über sein Verhalten, Vorgehen etc. Auch warfen die Beobachter mit Windfähnchen versehene Billete herab. Ihre Thätigkeit hob das moralische Element der eigenen Truppe. Gegen 6 Uhr Abends waren alle Stellungen·der Chinesen genommen, sowie Bac-Ninh selbst am 14. März durch die 3. Brigade.

Am 16. März wurde der Befehl zur Entleerung des Ballons ertheilt.

Recapituliren wir nun die Thätigkeit des Aërostaten, so ergeben sich folgende Thatsachen :

Am 3. März hatte die Füllung stattgefunden. Am 4. wurden einige Auffahrten unternommen, die erfolgten kleinen Gasverluste am 7. März durch eine theilweise Füllung ausgeglichen. Vom 8. bis 11. März folgte der Ballon der Armee auf allen ihren Märschen, erschien am 12. März auf dem Schlachtfelde, erstattete daselbst unausgesetzt Meldungen über die Stellung des Feindes, zog mit der Brigade am 13. März in Bac-Ninh ein und konnte am 16 März (nach 18 Diensttagen) noch einen Beobachter hochnehmen, ein Beweis für die Vorzüglichkeit des Materiales.

Operationen gegen Hong-Hoa.

Die Luftschiffer gingen dieses Mal mit der 2. Brigade. Der Aufbruch der Luftschiffertruppe war für den 6. April bestimmt, die Füllung des Ballons fand am 4. statt.

Des schlechten Wetters und heftigen Windes halber konnte die Truppe am 8. April nur einige Kilometer, u. zw. bis Sontay, zurücklegen.

Der Ballon hatte von dem Winde etwas gelitten. und um weitere Gasausströmungen zu verhindern, schloss man den Appendix (Hals) des Ballons. Eine Nachfüllung war nothwendig und fand bei Nacht statt. Um allen Eventualitäten vorzubeugen, hatte man zu Wasser die zur Füllung nothwendigen Dinge bis Sontay kommen lassen. Die Colonne verliess Sontay den nächsten Morgen und musste öfters Hindernisse in Gestalt von Bananen auf Umwegen umgehen.

Den nächsten Morgen blieb die 2. Brigade in Vu-Chu, wo General de Negrier um 9 Uhr Morgens eine Recognoscirungs-Auffahrt unternahm.

Hong-Hoa, der Gegenstand der Aufmerksamkeit der französischen Truppen, lag etwas mehr als zehn Kilometer entfernt.

Das Bombardement von Hong-Hoa begann gegen 11 Uhr; die Chinesen räumten die Stadt.

Der Ballon war von 2 bis 5 Uhr in Verwendung. Die Luftschiffer meldeten, in welcher Richtung sich der Feind zurückzog. Den nächsten Morgen wurde der Fluss überschritten; die sechs Kilo-

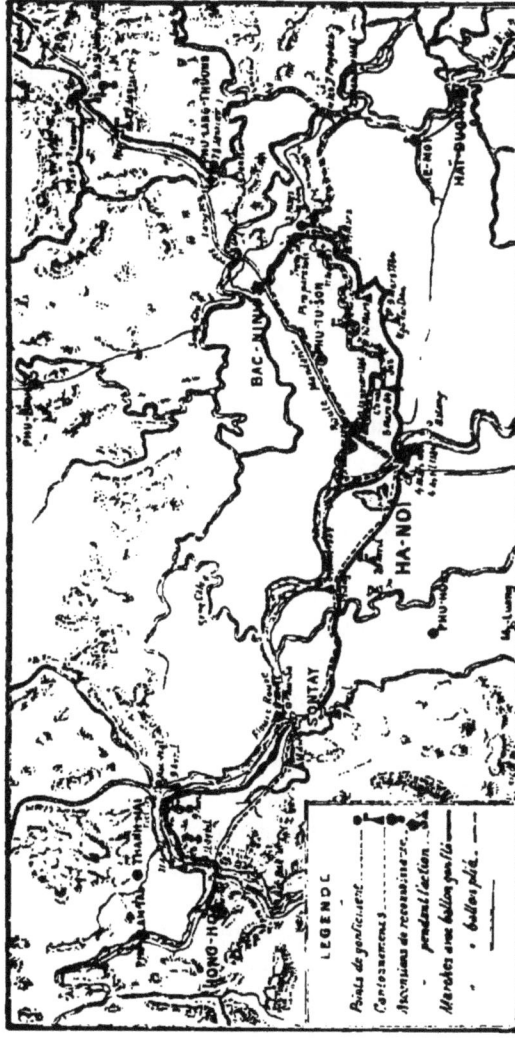

Figur 6. Karte des Weges, welchen die Militär-Luftschiffer während der Operationen in Tonkin verfolgten.

meter, welche ihn von Hong-Hoa trennten, waren des
heftigen Windes halber nicht ohne Schwierigkeit zu
passiren, doch erlaubte es das Terrain, die Strecke mit
Hilfe der Aequatorial-Leinen zurückzulegen.

Acht Tage danach befand sich die Luftschiffertruppe
wieder in Hanoï und erhielt Ordre, nach Frankreich
zurückzukehren, da der Feldzug durch den Vertrag von
Tien-Tsin beendet schien. Die unglückliche Niederlage
von Bac-Lé stellte jedoch Alles wieder in Frage, und
wurde Lieutenant Jullien, da Capitän Aron, der Commandant der Abtheilung, krankheitshalber nach Frankreich
zurückkehren musste, an die Spitze der Luftschiffer-
Section gestellt.

Operationen gegen Lang-Son.

Bei der Rückkehr der Expedition nach dem Siege
von Niu-Bop, an welchem die Luftschiffer-Abtheilung
participirt hatte, wurde dieselbe verständigt, ihre Thätigkeit bei den gegen Lang-Son gerichteten Operationen
wieder aufzunehmen. Es galt in Eile das Materiale in
Stand zu setzen.

Die Abreise der Luftschiffer-Abtheilung mit dem
wieder in Stand gesetzten Materiale nach Phu-Lang-
Thuong fand zu Wasser am 19. Januar statt, die An-
kunft dortselbst am 23. Januar. Eine Füllung des Ballons
geschah am 25. Januar.

Am 29. Januar begab sich die Luftschiffer-Abtheilung
nach Kep und begleitete am 30. ein 1000 Mann starkes
Streifcommando, welches General de Negrier selbst führte.

Viele Auffahrten fanden auf der Anhöhe, welche Cau-
Son dominirt, statt.

Die Truppen, welche diese Recognoscirung vollzogen
hatten, kehrten nach Kep zurück, um die Nacht dort zu
verbringen.

General de Negrier begab sich während der Nacht mit allen Kräften, welche ihm zur Verfügung standen, nach Chu, wo er sich dem Gros der französischen Truppen anschloss. In Kep blieben nur die Abtheilungen, welche die Escorte der Luftschiffer bildeten. Diese warfen Ballast aus und stiegen auf, um während des Nachmittags die Gegend zu recognosciren.

Der Ballon war bisher stets mit dem General und der Hauptmacht marschirt, infolgedessen glaubten die Chinesen, durch seinen Anblick irregeführt, auch diesmal bedeutende Streitkräfte sammeln zu müssen.

Unglücklicherweise erlaubten es die Schwierigkeiten, welchen man auf dem Wege von Chu nach Dong-Sung begegnete, nicht, so rasch zu marschiren, um alle Vortheile aus diesem Umstande zu ziehen.

Am 1. Februar verliess die Luftschiffer-Abtheilung Kep, um nach Phu-Lang-Thuong zurückzukehren, wo sie den Ballon sechs Tage nach der Füllung entleerte.

Bis hieher reichen die von den Luftschiffern als solche mitgetheilten, gekürzt wiedergegebenen Berichte während der Gefechte in Tonkin. Sie hatten sich an allen ausgeführten Operationen betheiligt, waren den Truppen auf allen Märschen gefolgt und hatten dem commandirenden General als ein wunderbares Recognoscirungsmittel gedient. Ohne Zweifel hätte man in diesem von so vielen Gewässern durchschnittenen Lande den Dienst der wackeren Luftschiffer erleichtern können, indem man ihnen zur eigenen Benützung sowohl als wie zum Transport des Ballons und des Materials ein Dampfboot zur Verfügung gestellt hätte. Auf diese Art wäre manche Schwierigkeit in diesem Lande der Reisfelder vermieden gewesen. aber die überwundenen Mühen erhöhen nur das Verdienst.

Gegenwärtige Organisation *) des französischen Luftschiffer-Parkes und dessen Verwendung bei Manövern.

Im Organe der militär-wissenschaftlichen Vereine, XLI. Band, wurde von mir die Organisation der Luftschiffer-Abtheilungen fremder Mächte besprochen.

In Bezug auf Frankreich erlitt dieselbe mehrfache Abänderungen. Nach dem „Aide-mémoire de l'Officier d'Etat major en campagne‘, herausgegeben vom französischen Kriegsministerium 1890, ist die Organisation und Verwendung des französischen Luftschiffer-Parks in nachfolgender Weise angeordnet.

Eine mobile Luftschiffer-Abtheilung besteht aus:

1 Hauptmann,

1 Lieutenant,

1 Reserveofficier,

5 Unterofficiere (einschliesslich 1 Zahlmeister-Aspirant, 1 Maschinen-Unterofficier),

8 Korporale,

3 Handwerksmeister (einschliesslich 1 Maschinist),

62 Luftschiffer-Soldaten (darunter 2 Heizer, 2 Maschinisten, Mechaniker, 2 Seiler, 2 Schneider, 2 Schuster, 2 Korbmacher, 2 Holzarbeiter).

---

*) Wird durch die Einführung des englischen Ballonmateriales natürlich wieder eine Aenderung erleiden.

Das zur Abtheilung gehörige Train-Detachement besteht aus:

1 Fourir-Unterofficier (maréchal de logis),
1 Brigadier,
28 Trainsoldaten.

an Fahrzeugen führt die Abtheilung mit:
1 sechsspännige Dampfwinde,
1 vierspännige Feldschmiede,
1 vierspännigen Geräthwagen.
1 sechsspännigen Gaserzeuger,
Summa 4 technische Fahrzeuge.

Hiezu kommen:
2 zweispännige Lebensmittelwägen.

1 sechsspänniges und 1 vierspänniges Fahrzeug zum Transport des chemischen Materials zur Gaserzeugung (Zink und Schwefelsäure).

Die Abtheilung hat ferner 8 weitere Fahrzeuge zum Transport des chemischen Materials zu requiriren und mitzuführen.

Das Ballonmaterial der Abtheilung besteht aus:

1 gefirnissten Ballon (chinesische Seide) von 540 m³ mit allem Zubehör für Fessel- und freie Fahrten;

1 ungefirnissten Ballon von 540 m³ mit Verpackungsplan, Netz und Reservekabel;

1 Hilfsballon von 260 m³ für Fessel- und freie Fahrten mit allem Zubehör;

1 Ballon von 50 m³ mit Zubehör, als Gasbehälter.

Ferner sind besonders erwähnt: 1 kleines viereckiges Zelt, 11 runde Spaten, 2 eckige Spaten, 7 Kreuzhauen, 4 Spitzhämmer, 4 Gartenmesser, 3 portative Spaten, 1 Picke und 3 Sägen.

Als Anleitung für die Verwendung der Abtheilung im Felde gilt Folgendes:

1. Im Feldkriege.

Die Luftschiffer-Parks sind bestimmten Armeen zugetheilt, und zwar jeder Armee ein Park.

Diese durch die Genietruppe bedienten Luftschiffer-Parks sind in Anbetracht ihrer Verwendung für den Recognoscirungsdienst direct dem Chef des Stabes der Armeen unterstellt. Nach Anweisung desselben werden Generalstabsofficiere zur Recognoscirung vom Fesselballon aus und zur Sicherstellung der Uebermittlung der erhaltenen Orientirung commandirt. Wenn es die Umstände erfordern, kann ein Generalstabsofficier ganz speciell damit beauftragt werden, den Luftschiffer-Park in taktischer Richtung zu dirigiren und für die Recognoscirung auszunützen. Dieser Officier dient dann als Vermittler zwischen dem Chef des Generalstabes der Armeen und dem Commandanten der Luftschiffer-Abtheilung. Er lässt diesem letzteren den Befehl zukommen, wann der Ballon zu füllen ist, bei dem Marsche mit gefülltem Ballone gibt er ihm Anweisung über den einzuschlagenden Weg, ertheilt ihm die Orientirung über die eventuell vorhandenen Hindernisse, den Grad der Gangbarkeit und die auf diesem Wege im Marsch befindlichen Truppen mit; mit einem Worte, ohne sich in die technischen Details zu mischen, veranlasst er die nöthigen Massregeln, um zur rechten Zeit den Fesselballon dort zur Stelle zu haben, wo er als Observatorium gebraucht werden soll.

An chemischem Materiale zur Füllung des Ballons wird im Marsche eine Füllung mitgeführt, der Rest des Materials ist schon im Frieden in den Etappenzonen und in den Territorial-Magazinen derart bereitgestellt, dass das nöthige Zink und die Schwefelsäure für eine Füllung des Ballons permanent bereit liegt, um durch die Etappen der Luftschiffer-Abtheilung nachgeführt zu werden.

2. In den Festungen.

Jeder der im Frieden durch den Kriegsminister be-
zeichneten festen Plätze besitzt einen Luftschiffer-Park,
welcher in Anbetracht seiner Verwendung für den Orien-
tirungsdienst dem Chef des Stabes, des Gouverneurs unterstellt ist. Der Festungs-Luftschiffer-Park besitzt dieselben
technischen Fahrzeuge, wie der Feld-Luftschiffer-Park,
mit Ausnahme der Fahrzeuge zum Transport des chemischen Materials. Er hat ferner nur ein einspänniges
Regiments-Fahrzeug an Stelle der beiden Fahrzeuge des
Feld-Parks. Bedient wird dieser Park durch eine Luft-
schiffer-Section der Genietruppe in einer Stärke von 2
Officieren (1 Hauptmann und 1 Reserveofficier) 5 Unterofficieren (davon 1 Zahlmeister-Aspirant), 8 Corporalen,
53 Mann. Das zugehörige Train-Detachement besteht
aus einem Fourir (maréchal de logis), einem Brigadier
und 14 Train-Soldaten.

Eine Luftschiffer-Abtheilung mit completem Parke nimmt
im Marsche mit nichtgefülltem Ballone eine Länge von
250 Metern ein und bedarf drei Minuten zum Aufmarsche;
mit gefülltem Ballone marschirend nimmt dieselbe ohne
ihre Reserve 100 Meter ein und bedarf zum Aufmarsche
einer Minute. Die Reserve (Wasserstoffgas-Erzeuger,
Feldschmiede, vier Pferde, requirirte Wägen und Lebens-
mittelwagen) nimmt eine Länge von 170 Meter ein und
braucht zwei Minuten Aufmarschzeit.

Marschirt eine Luftschiffer-Abtheilung mit nicht
gefülltem Ballone in einer Colonne, so folgt ihr die Reserve
an der Queue des Trains für das Gefecht. Marschirt
sie mit gefülltem Ballone, so soll sie, wo irgend möglich,
einen eigenen Weg verfolgen, da es nicht rathsam ist,
sie in die Colonne selbst einzuschalten. Sie marschirt dann

ohne ihre Reserve an der Queue des Gros der Avant-
garde, die Reserve an der Queue des Gefechtstrains.

„Aus diesen officiellen Bestimmungen des französischen
Kriegsministeriums", schreibt Lieutenant Gross in der
„Zeitschrift für Luftschifffahrt" X. Jahrgang, Seite 55,
„können wir ohneweiters werthvolle Schlussfolgerungen
ziehen. Frankreich verfügt über vier Luftschiffer-Abtheilungen, da je eine Compagnie des 4. Genie-Regimentes mit
diesem Dienstzweige betraut ist, ausserdem besitzen einige
der grösseren Festungen Luftschiffer-Parks Da Feld- und
Festungs-Luftschiffer-Parks das gleiche Material besitzen,
so kann zwischen beiden ein Austausch nach Bedarf stattfinden. Die personelle Ausstattung der Abtheilungen ist reich-
lich und rationell, aus der geringen Anzahl besonderer Hand-
werker geht hervor, dass der Ersatz des Materials nicht
durch die Abtheilung besorgt wird, derselbe erfolgt vielmehr
von dem Central-Etablissement in Meudon. Die Zutheilung
einer Feldschmiede zu den technischen Abtheilungen lässt
unmittelbar auf die schnelle Abnützung und starke Repa-
raturs-Bedürftigkeit der übrigen Fahrzeuge schliessen. Es
ist dies namentlich der Gaserzeuger, der durch die alles
zerstörende Schwefelsäure bei jeder Benützung stark
leiden muss. Ein weiterer grosser Mangel der Gaserzeugungs-
Methode besteht in der enormen Last des todten chemischen Materials, welches mitgeführt werden muss; es
sind zehn Fahrzeuge für eine einzige Füllung des Ballons
nothwendig. Da die Abtheilung nur eine Füllung mit sich
führt, so wird sie, selbst wenn der zugetheilte Generalstabsofficier noch so tüchtig ist, nicht immer den Ballon
zur rechten Zeit gefüllt und zur Stelle haben können.
Man rechnet zu sehr auf die dauernde Erhaltung der
Füllung des Ballons. Wenn auch der gefirnisste Seiden-
ballon noch so vorzüglich sein Gas halten mag, nach

spätestens acht Tagen ist dasselbe doch so mit Luft vermischt, dass die Tragfähigkeit desselben nicht mehr aus-
reicht; man muss daher jederzeit über zwei Füllungen
verfügen können.

Aus dem Umstande, dass die Abtheilung einen gefirnissten und einen noch ungefirnissten Ballon mit sich
führt, geht die Mangelhaftigkeit dieser Methode der
Dichtung von Ballonhüllen unmittelbar hervor. Die Er-
fahrungen in Tonkin, wo der gefirnisste Ballon so klebte,
dass er nicht mehr auseinander zu bekommen war,
mögen zu dem Entschlusse geführt haben, einen ungefirnissten Ballon für alle Fälle mitzuführen; denselben
aber im Felde selbst zu firnissen, möchte seine grossen
Unzuträglichkeiten haben und den Zustand kaum verbessern. Recht rationell erscheint die Mitnahme eines
kleinen Ballons von 250 Kubikmetern. Hiedurch wird es
möglich sein, eine Person schnell zum Aufsteigen zu
bringen, wenn die taktische Situation grosse Eile erheischt.
Einen 50 Kubikmeter grossen Gasbehälter-Ballon mit
herumzuschleppen, ist nicht gerade sehr praktisch;
derselbe muss im Marsche sehr hinderlich sein und kann
viel besser und bequemer durch in Stahlcylindern com-
primirtes Gas ersetzt werden.

Was die Organisation für die taktische Verwendung
der Abtheilung anbelangt, so muss dieselbe als eine
durchaus sachgemässe bezeichnet werden; die Zutheilung
von Generalstabsofficieren für die Beobachtung selbst,
wird bei der besseren Orientirung dieser ausgesuchten
Officiere die rechtzeitige und richtige Verwendung des
Ballons sicherstellen und dem Commandanten der Abtheilung die nöthige Zeit und Ruhe für die technische
Ausführung seines Dienstes gewähren.'

7

In einem Aufsatze: „L'aérostation sur terre et sur mer" in der „Revue de l'Aéronautique", 3. Jahrgang, 1890, 4. Lieferung: beschreibt G. Betuys, der bekannte Verfasser des Buches „Les aérostiers militaires", die im verflossenen Jahre durch die französischen Luftschiffer-Compagnien abgehaltenen Luftschifferübungen bei den grossen Manövern des 1. und 2. Armeecorps im Norden Frankreichs.

„Am 6. September 1890 traf in Arras für die Luftschiffer-Compagnie des dortigen Genie-Regiments ein durchaus neues Luftschiffer-Material aus Chalais-Meudon ein, mit welchem die Compagnie in das Manöver-Terrain des 1. und 2. Armeecorps ausrückte.

Der Hauptunterschied zwischen diesem und dem früheren Materiale bestand in der ausschliesslichen Verwendung des auf 200 Atmosphären in Stahlcylindern comprimirten Wasserstoffgases zur Füllung des Ballons. Da diese Stahlcylinder nur sechs Kilogramme pro Kubikmeter darin enthaltenen Gases wiegen, so ergibt sich hieraus eine ganz wesentliche Erleichterung des ganzen Luftschifferparkes, da die Bereitung eines Kubikmeters Gas an Ort und Stelle die Mitführung von neun Kilogramm Chemikalien ohne Recipienten und Fahrzeuge erfordern würde. Ein weiterer Vorzug dieser Methode ist die ausserordentlich kurze Zeit, welche die Füllung des Ballons erfordert (15 Minuten) und der Umstand, dass hiebei kein Wasser mehr benöthigt wird, während bei der früheren Methode der Gasbereitung an Ort und Stelle die Mitführung von vielen Tonnen Wasser nöthig ist. Die ganze Manipulation der Füllung ist eine ungemein einfache und erfordert keinerlei weitere Vorbereitungen oder Arbeiten."

Somit gewinnt der Ballon ausserordentliche Beweglichkeit, die ihm bisher abging: man ist nunmehr sicher, jeden günstigen taktischen Moment ausnützen zu können, da man in der Lage ist, den Ballon überall und jederzeit füllen zu können.

Als das Kriegsministerium die Erprobung dieses neuen Materials durch die Luftschiffer-Compagnie aus Arras im Manöver des 1. und 2. Armeecorps befahl, existirten weder genügend viel Stahlcylinder, noch waren auch die Fahrzeuge zum Transport derselben fertig. Es bedurfte daher einer sehr energischen Thätigkeit, um Alles rechtzeitig fertig zu stellen: namentlich verdient die Wagenfabrik besonderes Lob. welche acht Fahrzeuge in ganz kurzer Zeit fertigstellte. Jedes dieser Fahrzeuge nimmt acht (?) Stahlcylinder auf. Letztere sind mit einem von Renard construirten Bronze-Verschlusse versehen, welcher nach den angestellten Versuchen absolut gasdicht schliesst. Für eine Füllung des Ballons sind zwei solcher Fahrzeuge nöthig; es verfügt somit ein von acht Fahrzeugen begleiteter Ballon über vier ganze Füllungen, welche bei kürzeren Manövern ausreichen werden.

Am 8. September wurde zum ersten Male unter persönlicher Leitung des Capitäns Aron, Führer der Luftschiffer-Compagnie, der Ballon in einem von Mauern umschlossenen Terrain unweit des Städtchens Solesmes gefüllt. Hierauf wurde derselbe nach der einige Kilometer entfernten Anhöhe „Pigeon blanc" transportirt und mit dem Aufsteigen begonnen. Diese ersten Aufstiege hatten zunächst nur den Zweck, die zur Beobachtung commandirten Generalstabsofficiere mit dem Ballone und dem ganzen Materiale vertraut zu machen. Eine grosse Anzahl von Officieren fanden hiebei Gelegenheit zu bestätigen, mit

7*

welcher Leichtigkeit man die verschiedenen Stellungen der
Truppen auch auf weite Entfernungen vom Ballone aus entdecken kann. Man machte von den Stellungen der Truppen
im Ballone Croquis. Auch der commandirende General des
1. Armeecorps, Loirillon, stieg selbst auf 500 Meter Höhe
und war sehr befriedigt von dem, was er gesehen hatte.

An den nächsten Tagen folgte der Ballon den Truppen
beim Vormarsche, wobei zahlreiche Aufstiege unternommen
wurden. Leider wurde die Luftschiffer-Compagnie zu weit
rückwärts hinter der Tête der Truppen ohne Befehle
gelassen.

Dieser Fehler wurde bei dem grossen Schlussgefechte
theilweise wieder gutgemacht, und konnte man aus den
Uebungen des Ballons bei diesen Manövern die seltene
Vollkommenheit des Materials, seine grosse Beweglichkeit
und einfache Verwendbarkeit und Bedienung feststellen.
Man hatte auf 13 Kilometer Entfernung vom Ballone aus
den durch die feindlichen Truppen aufgewirbelten Staub
entdeckt und somit die Stellung des Feindes vollkommen
festgestellt. Eine weitere, sehr nützliche Verwendung des
Ballons hatte sich für die eigenen Truppen ergeben, u. zw.
die vollkommene und leichte Uebersicht des Marsches und
Aufmarsches des eigenen Armeecorps. Die enorme
Schwierigkeit, so grosse Truppenmassen von einer Central-
stelle aus zu dirigiren, wird hiedurch für den commandirenden General ganz wesentlich erleichtert; er kann sich
durch seinen im Korbe des Fesselballons befindlichen
Generalstabsofficier jederzeit über den augenblicklichen
Stand seines Corps schnell und sicher orientiren lassen.

Ueber die Verwendung des Ballons während der
Manöver des vorigen Jahres veröffentlichte der Lieutenant
Deburaux von der französischen Luftschiffer-Abtheilung

einen sehr interessanten Aufsatz. Es erhellt daraus, dass
die Ballons hauptsächlich grosse Dienste geleistet haben,
namentlich seit eine ununterbrochene Telephonverbindung
zwischen dem Ballone und der Erde hergestellt ist. Durch
technische Vervollkommnungen ist man dahin gelangt,
dass der Ballon in einer halben Stunde zum Aufsteigen
bereit gemacht werden kann. Ferner ist der Ballonpark
so eingerichtet worden, dass man den Ballon mit grosser
Leichtigkeit fortbewegen kann, auch in gefülltem und
schwebendem Zustande. Mitten während des Gefechtes
habe man Bar-le-Duc mit einem schwebenden Ballone
durchfahren, ohne dass dabei die geringsten Unordnungen
vorgekommen seien. Die ersten praktischen Erfolge habe
man in dem Manöver bei Aulnoy erzielt, wo der Corps-
commandeur durch den Ballon benachrichtigt werden
konnte, dass ein gegen ihn gerichteter Angriff nur ein
Scheinangriff sei und dass sich die Hauptmacht des
Gegners in einer ganz anderen Richtung bewege. Während
der Manöver von Colombey blieb der General Gallifet
zweieinhalb Stunden im Fesselballon, von dem aus er
durch das Telephon alle Bewegungen leitete. Die Truppen
nahmen eine Front von zwölf Kilometern und eine Tiefe
von drei bis neun Kilometern ein und dieses ganze
Gefechtsbild wurde von Gallifet in allen Einzelheiten
beherrscht, obgleich der Ballon nur bis zur Höhe von
400 Metern aufgestiegen war. Bei einem anderen Manöver
konnte der Ballon dem Oberbefehlshaber über den
Zusammenstoss zweier Reiterdivisionen berichten, der
in einer Entfernung von neun Kilometern stattfand.
Endlich wird hervorgehoben, dass der Ballon auch bei
Nacht gute Dienste geleistet habe, da es in mehreren
Fällen gelungen sei, die Stellung des Gegners zu entdecken.
Deburaux meint, dass der Ausgang der Schlachten von

Waterloo und St. Privat durch einen Ballon leicht hätte
gänzlich geändert werden können, da man in dem einen
Falle das Herannahen der Preussen rechtzeitig erkannt,
in dem anderen Falle sich aber nicht über die zahlen-
mässige Schwäche der Preussen getäuscht hätte, die dort
den Franzosen entgegenstanden und ihr Vorgehen so
lange aufhielten, bis endlich Verstärkungen herankamen.

Ueber Marine-Luftschifffahrt.*)

In ähnlicher Weise wie bei der Landarmee kann auch die Marine den Fesselballon verwerthen, wenn sich auch die Beobachtungen in mancher Beziehung anders gestalten. Das Meer mit seiner bei klarer Luft endlosen Uebersicht verräth auf grosse Entfernungen Schiffe und Küsten. Andererseits wird die Erkundung feindlicher Küsten dadurch erschwert, dass alle zu ihnen führenden Fahrstrassen durch Abnahme der Seezeichen und auch durch versteckt angelegte Minensperren unsicher gemacht worden sind und dadurch ein näheres Herankommen an die Küste selbst da gefährlich würde, wo Kanonenfeuer nicht zu fürchten ist.

*) Quellen:

„Prometheus" Nr. 131, Jahrgang III. 27. 1892 (Hauptmann Moedebeck).

„Internationale Revue". März 1891 (Premierlieutenant Gross).

„Die Post". September 1890.

„Vossische Zeitung", 5. August 1890.

„Militär-Wochenblatt" Nr. 87. 1890.

„Revue de Génie". 1888.

„Spectateur militaire", 1888.

„Revue de l'Aéronautique", 1888 und 1889.

„La France aérienne", October 1890.

„Les Aérostiers militaires par Béthuys", 1889.

„Journal de la marine". 1890, 1891.

„La Nature". October 1890.

Von der Fessel-Station aus können auf der See er-
kundet werden:

1. Die Schiffe und deren Curs.
2. die Hafen- und Befestigungs-Anlagen,
3. die Wasserstrassen, Einfahrten und Sperren.

Während bisnun die Schiffe, sowohl die eigenen
Kriegs- wie Kauffahrteischiffe, nur wieder durch Schiffe,
(schnelle Avisoschiffe) oder durch Ausluger auf höher
postirten Punkten vom Lande aus beobachtet werden
konnten, ändert die Benützung des Fesselballons die Verhältnisse bedeutend.

Der auf 500 Meter Höhe postirte Beobachter auf
der Fessel-Station überblickt nicht nur einen ganz bedeutend
grösseren Horizont als der auf dem Mastkorbe befindliche
Ausluger*), sondern kann vermöge der Eigenschaft des
Wassers, aus grösseren Höhen betrachtet sich sehr durch-
sichtig zu zeigen, auch die unterseeisch angebrachten
Wassersperren deutlich erkennen. Er kann über die Lage
der Seeminen im Wasser, wie über Untiefen Bericht er-
statten. Bei Versuchen in der Nähe von Toulon zeigte
das Wasser eine so überraschende Durchsichtigkeit, dass
man selbst den Curs des Unterseebotes „Gymnote" unter
dem Wasser genau mit dem Auge verfolgen konnte.

Gegen den Fesselballon vermag weder der Wächter
im hohen Leuchtthurme, noch der Ausluger auf den nie-
drigen Marsen des Avisos aufzukommen. Jeder feindliche,
zur Erkundung ausgesandte Aviso kann durch entgegen-

---

*) Von 500 Meter Höhe überblickt man theoretisch, wenn die
Luft durch beigemengten Wasserdunst nicht an Durchsichtigkeit
verlöre, einen Kreis von 97·8 Kilometer Radius, von 400 Meter:
71 Kilometer und von 300 Meter: 61 Kilometer, während man aus
1000 Meter Höhe bei Freifahrten einen Radius von 113 Kilometer, und
aus 2000 Meter einen solchen von 160 Kilometer überblicken kann.

geschickte Torpedoboote unschädlich gemacht und der
eigene vom Feinde gejagte Kundschafter rechtzeitig aufgenommen und geschützt werden.

Für den Angriff auf Küstenwerke und für das For-
ciren von Häfen wird der Fesselballon ein werthvoller
Kampfgenosse werden, der einen Einblick gestattet in die
Lage und Armirung der Küstenbatterien, in die Anordnung
der Hafensperren und über die Stärke und Aufstellung
der im Hafen anwesenden feindlichen Schiffe.

In zweiter Linie kann die Fessel-Station im Marine-
dienst auch zum Signalisiren Verwendung finden. Der
Signalballon, in Frankreich erfunden, ist nach dem Systeme
Kosztowits in der russischen Marine bereits seit längerer
Zeit eingeführt.

Man nimmt zu Signalzwecken meist kleinere, möglichst hell gefärbte Ballons, deren Kabel mit einer elektrischen Leitung versehen wird, um damit im Innern oder
sonstwie am Ballone angebrachte elektrische Lampen zum
Glühen zu bringen. Den ausgeschickten Avisos können
hiermit vom Lande oder von anderen Schiffen aus Nachts
auf weite Entfernungen Zeichen gegeben werden; selbstverständlich kann dasselbe von Schiffen aus nach dem
Lande hin geschehen. Unter Benützung des Signalbuches
lässt sich das Telegraphiren auch verhältnismässig be-
schleunigen, was nicht der Fall ist, sobald nach dem
Morse-Alphabet jeder Buchstabe gegeben wird. Das Signalisiren zwischen den Schiffen und dem Fesselballone ist
auch am Tage angängig, wenn ein weithin sichtbares
Zeichen vom Ballone aus gegeben wird.

Soll ein Torpedoboot den Ballon führen, so muss
die Füllung und Adjustirung desselben auf dem Lande
oder auf einem anderen Schiffe vorher bewerkstelligt
werden.

Eine nur in der Marine mögliche, ganz eigenartige Kunst bildet das Manöveriren des Schiffes mit dem Ballone. Sie besteht darin, dass man die Geschwindigkeit des Schiffes zu Gunsten der Ballonbeobachtung ausnützt. Geht beispielsweise der Curs des Schiffes vor dem Winde mit zwölf Knoten Geschwindigkeit (6 Meter per Secunde), so vermag der Ballon selbst bei einer steifen Brise, z. B. Beaufort 7 = 13·3 Meter per Secunde, während der Fahrt in der Luft zu verbleiben. Auch ein Abweichen des Schiffes um vier Striche der Windrose von der Windrichtung nach jeder Seite hin dürfte die fortgesetzte Erkundung kaum beeinträchtigen. Bei Gegenwind hingegen kann die Ballon-Erkundung bei frischer Brise nur durch Beilegen oder Wenden und Zurückfahren des Schiffes erfolgen. Die Erkundung letzterer Art würde eine der Zeit nach beschränkte sein und vor Fortsetzung des einzuschlagenden Curses müsste der Ballon jedesmal eingeholt und auf Deck gut verankert werden, damit er gegen Wind und Wetter geschützt ist. Wind vom Steuer oder Backbord würde dasselbe Manöver nur dann erforderlich machen, wenn man die Steighöhe des Ballons zu vergrössern wünscht. Luftschiffer und Seemann müssen sich hierbei zunächst zusammen einarbeiten; an einem guten Gelingen dürfte kaum gezweifelt werden.

Es gibt noch eine weitere, äusserst kühne Art der Ballon-Erkundung auf hoher See, eine Recognoscirung, die einen entschlossenen, kaltblütigen Beobachter erfordert: das Aufsteigen im Freiballone vom Schiffe aus. Je nachdem der Wind nach dem Lande oder nach der See hin weht, lässt sich diese Erkundung längere oder kürzere Zeit hindurch ausführen.

Ich übergehe nun kurz zur Geschichte der Marine-Luftschiffahrt.

Im Jahre 1888 erhielt der bekannte Capitän Renard, Chef des aëronautischen Central - Etablissements zu Chalais-Meudon, vom Marineminister den Befehl, einen Ballon mit allem Zubehöre für Versuche auf einem Schiffe herzustellen und dem nach Meudon commandirten Marinepersonal, welches unter dem Commando des Lieutenants zur See, Serpette, stand, den Umgang mit dem Fesselballone zu lehren.

Der in der französischen Armee gebräuchliche Ballon (560 Kubikmeter) war für diesen Zweck zu gross; man beschränkte sich darauf, nur eine Person als Beobachter hochheben zu wollen, und so entstand ein sonst im Allgemeinen dem gebräuchlichen Militärballon ganz ähnlicher von geringeren Dimensionen. Der Ballon, aus mehrfach gefirnisster, chinesischer, einfacher Ponghée-Seide gefertigt, besass bei 320 Kubikmeter Inhalt und Kugelform 8·5 Meter Durchmesser. Netz und Aufhängung des Korbes waren die des Armeeballons. Das Haltekabel bestand zur Erleichterung aus einem zwölf Millimeter starken Seidentau mit eingelegter Telephonleitung von circa 400 Metern Länge.

Um die Matrosen von Vornherein daran zu gewöhnen, mit diesem Ballone auf einem so engen und behinderten Raume, wie ihn ein Kriegsschiff bietet, zu hantieren, wurde auf einem hiezu erbauten Gerüste in Schiffform, auf welchem selbst der Mast nicht fehlte, geübt. Für die Anordnung und Aufstellung der für die Wasserstoffgas-Erzeugung nothwendigen Apparate wurde ein besonderer Officier der Luftschiffer-Abtheilung (Capitän Jullien) commandirt. Diese Apparate waren im Principe die gleichen wie die, welche zur Füllung des Armeeballons damals überhaupt benützt wurden (Circulations-Apparate mit Zink und Schwefelsäure).

Am 12. Juli 1888 waren die Vorbereitungen beendet
und man begann mit den erforderlichen Arbeiten an Bord
des Artillerie-Schiffes „L'Implacable", woselbst auf Deck
die Winde aufgestellt und der Ballon gefüllt wurde. Nachdem man sich von dem Functioniren aller Theile überzeugt hatte, begannen am 17. Juli 1888 die eigentlichen
Versuche von einer hiezu berufenen Commission, an deren
Spitze der Commandant Maigret stand. Die Aufstiege von
dem im Hafen vor Anker liegenden Schiffe boten keine
besonderen Schwierigkeiten und gelangen vollkommen,
zumal fast Windstille herrschte. Der Lieutenant Serpette,
welcher mit der Beobachtung vom Ballone aus betraut war,
constatirte, dass, soweit der Horizont reichte, kein Schiff
seinem Blicke sich entziehen konnte; er war im Stande,
mit seinem Fernglase die Nationalität der Schiffe und
ihren Curs zu erkennen. Nach Süden reichte sein Blick
bis Corsica, nach Osten bis Nizza, nach Westen bis
Marseille. Die Beobachtungen wurden zunächst durch das
Telephon nach dem Schiffe herunter dem Commandanten
mitgetheilt.

Bei den weiteren Versuchen wurde auch eine Ver-
ständigung zwischen dem Ballone und den auf einem
anderen Schiffe befindlichen Admiral Arnet durch die
gebräuchlichen Marinesignale erzielt.

Nachdem durch diese Versuche hinlänglich erwiesen
schien, dass die Verwendung des Fesselballons auf einem
vor Anker liegenden Schiffe (bei ruhigem Wetter!) keine
besonderen Schwierigkeiten biete, ging man zu weiteren
Versuchen über, welche die Verwendbarkeit des Fesselballons auf einem in der Fahrt begriffenen Schiffe klar-
legen sollten. Der Ballon wurde zu diesem Zwecke auf
ein anderes Schiff, „L'Indomptable", gebracht (wahrschein-
lich, weil dieses Schiff weniger Takelage besass), welches

hieraus auf das offene Meer hinausfuhr. Um eventuelle
Gasverluste ersetzen zu können, führte das Schiff zwei
kleine Reserveballons mit. Lieutenant Serpette betrachtete
das zurückbleibende Geschwader. Noch lange nachdem
das Schiff selbst den Augen der Zurückbleibenden ent-
schwunden war, konnte man den Ballon sehen. Nachdem
der „Indomptable" eine längere Fahrt um die Hyérischen
Inseln, mit dem Ballone über sich schwebend, gemacht hatte,
wurden diese Versuche mit einer freien Fahrt auf offenem
Meere beendet. Lieutenant Serpette löste das haltende
Tau und landete nach längerer Fahrt über dem Mittel-
ländischen Meere mit Hilfe seines Wasserankers auf offener
See ohne jeden Unfall und wurde mit seinem Ballone
von dem nachgefahrenen Schiffe wieder aufgenommen.

Hiemit waren die ersten Versuche mit dem Fesselballone der Marine abgeschlossen; man hatte sich davon
überzeugt, dass bei günstiger Witterung keine wesentlichen Schwierigkeiten zu überwinden seien, immerhin war
noch Vieles zu verbessern, namentlich, um auch während
der Fahrt mit dem Ballone nicht mit den Masten, Raaen
und sonstigen hervorstehenden Theilen des Schiffes in
Collision zu kommen.

Auf Grund dieser Versuche wurde in Lagoubran bei
Toulon eine Marine-Luftschifferstation unter dem Com-
mando des Lieutenants Serpette eingerichtet, welcher die
Vervollkommnung des Materials und die Ausbildung von
Officieren und Mannschaften oblag.

Die im Jahre 1890 erneuerten Versuche zeigen denn
auch, dass ganz wesentliche Verbesserungen in den
zwei Jahren an dem Luftschiffermateriale vorgenommen
wurden.

Die wesentlichste Verbesserung besteht in der nun-
mehrigen Art der Füllung des Ballons. Die Wasserstoffgas-

Bereitung vor jedesmaligem Gebrauche ,man möge sie auf nassem Wege durch Circulation von Schwefelsäure über Zink oder Eisen, oder auch auf trockenem Wege durch Erhitzung von Zink mit Wasser abgehenden Substanzen herbeiführen, hat sehr viele Mängel, welche sich auf einem Schiffe im Seekriege noch viel mehr geltend machen als zu Lande im Feldkriege. Diese Apparate, an und für sich schon complicirt und schwer, brauchen, um selbst für einen so kleinen Ballon, wie er angewendet wurde, das erforderliche Gas zu schaffen, Stunden, sie benöthigen ferner das Mitführen des chemischen Materials (Zink und Schwefelsäure) in ganz bedeutenden Massen und führen obendrein noch leicht zu Verletzungen der bedienenden Mannschaften. Will man den Fesselballon mit Erfolg auf der See verwenden, so muss man im Stande sein, denselben , in ganz kurzer Zeit unmittelbar vor der beabsichtigten und voraussichtlichen Verwendung zu füllen und in Action zu bringen; man kann ihn hier nicht, wie auf dem Lande, tagelang gefüllt mit sich schleppen, um ihn im Gebrauchsfalle zur Verfügung zu haben. Diese Erwägungen mögen die Franzosen zu der Einführung der englischen Methode der Gasfüllung geführt haben. Das Gas wird nicht mehr an Bord des Schiffes im Bedarfsfalle erzeugt, sondern fertig in Stahlcylindern aufgespeichert. Bei dem geringen Gewicht und Raumbedarf kann ein Schiff, welches mit einem Ballone ausgerüstet ist, leicht mehrere Füllungen mit sich führen.

Eine weitere, sehr wesentliche Verbesserung beruht darin, dass man bei den Versuchen des Jahres 1890 den Ballon nicht mehr wie früher directe von der auf Deck befestigten Winde hochliess, wo er sowohl als das Kabel, namentlich während der Fahrt und bei Wind, leicht Havarien an den Masten und sonstigen hervorspringenden

Theilen des Schiffes erleiden konnte. Man kam auf
den Gedanken, den eigentlichen Haltepunkt des Kabels
auf den höchsten Punkt des Schiffes selbst, nämlich den
Mast, zu verlegen, während die Windevorrichtung auf
Deck verblieb. Mit Hilfe einer sehr einfachen Flaschenzug-
Verbindung kann er nach dem Maste hinauf und herunter
bugsirt werden, woselbst das Kabel über eine cordanisch
aufgehängte Rolle läuft.

Ferner wählte man statt eines seidenen Haltekabels
ein Stahlkabel.

Im August und September des Jahres 1890 wurden
nun zur Erprobung der Verbesserungen wieder praktische
Uebungen abgehalten, deren Verlauf und Resultate folgende waren:

Nachdem die Versuche wieder durch mehrere Fesselfahrten vom Lande aus bei Lagoubran und Tamaris eingeleitet waren, begannen die Uebungen mit dem Fesselballone auf dem Meere.

Am 21. und 23. August wurde der Ballon an einem
nur 10 Meter langen Boote gefesselt und von diesem
geschleppt. Am 29. August wurde mit dem Ballone vor
dem inspicirenden Admiral Duperré geübt, welcher sich
selbst mit demselben auf 250 Meter Höhe erhob.

In der ersten Hälfte des September begannen die
Uebungen an Bord des Panzerschiffes „St. Louis", welches
bei den Hyèrischen Inseln lag. Der Ballon wurde durch
das Torpedoboot „L'Audacieux" vom Hafen von Toulon
nach dem „St. Louis" geschleppt und an dieses Schiff
abgegeben. Während der Rückfahrt des „St. Louis"
nach Toulon wurden zahlreiche Fessellahrten ausgeführt,
bei welchen 30 Officiere aller Grade aufstiegen. Der
Commandant des Schiffes dirigirte zeitweise sein Schiff

durch telephonisch übermittelte Befehle aus 250 Meter Höhe vom Ballone aus. Schliesslich löste Lieutenant Serpette in 200 Metern Höhe wieder das Kabel, um eine freie Fahrt zu unternehmen. Der Ballon erhob sich auf 1800 Meter Höhe und landete wieder mit Hilfe des Wasserankers auf offener See, ohne dass der Korb die Oberfläche des Wassers berührte. Das dem Ballon nachgefahrene Torpedoboot nahm denselben auf und brachte ihn unversehrt nach dem ‚St. Louis‘ zurück.

Hierauf wurden die Versuche auf dem Admiralschiffe ‚Le Formidable‘ fortgesetzt. Hinter dem Panzerthurme auf dem Achterdecke des Schiffes wurde die Ballonstation eingerichtet und der Ballon gefüllt. — Von hier wurde derselbe mit Hilfe eines Flaschenzuges nach der Spitze des hinteren Mastes (pune militaire) bugsirt. Hier stieg der Ballon an einer beweglichen Rolle auf, konnte aber, da das Halteseil zu der auf Deck aufgestellten Winde führte, von hier aus hochgelassen und eingeholt werden. Wieder nahmen zahlreiche Officiere des Schiffes theil an den Fesselfahrten und konnten constatiren, dass bei hellem Wetter alle Einzelheiten der Küste von Marseille bis zur äussersten Spitze der Hyèrischen Inseln deutlich sichtbar seien; kein Bauwerk oder Schiff konnte im Umkreise von 30—40 Kilometern sich den Blicken der Beobachter vom Ballone aus entziehen. Auch die allen Luftschiffern bekannte Thatsache der Durchsichtigkeit des Wassers beim Blick in vertikaler Richtung wurde hiebei constatirt. Man konnte den Meeresboden bis auf 25 Meter Tiefe klar erkennen und verfolgte z. B. mit Interesse die Bewegungen eines Haifisches.

Am 6 September fuhr das Torpedoboot ‚L'Audacieux‘ mit dem Ballone in zwei Stunden 21 Meilen von der Rhede von Toulon bis zum Ankerplatze des „St. Louis" auf der Rhede von Hyères, es machte somit 10·5 Meter pro Secunde. Hiebei hielt sich der Ballon 50 Meter hoch. Man kam jedoch zu der Ueberzeugung, dass, wenn es sich nur um den Transport des Ballons handelt, man ihn besser an einem Panzerschiffe auf dem Achterdeck an seinen Aequatorial-Leinen fest verankert. Er kann so noch viel stärkeren Winden trotzen, zumal wenn man den Ballon durch ein um denselben gespanntes Segel schützt, wie es schon die Aërostaten von Coutelle im vorigen Jahrhunderte zu machen pflegten.

Von einer ebenfalls interessanten Uebung der Marine-Luftschiffer-Station und -Schule in Lagoubran bei Gelegenheit der Inspicirung durch den Admiral Reunier, Marine-Präfect, wird berichtet: Nachdem der Admiral eine theoretische Prüfung der Schüler vorgenommen hatte, befahl er einen Aufstieg des Ballons, an welchem er selbst theilnahm und die Bewegung des Ballons durch seine telephonisch übermittelten Befehle regelte. Hierauf wurde der Ballon zunächst auf ein Torpedoboot gebracht, welches mit demselben mehrere Evolutionen vornahm. Dann wurde gelandet, der Ballon mit seinem Haltetau an einen Wagen gefesselt, welcher durch acht Mann bequem vorwärts bewegt wurde; eine Bedienungsmannschaft von 36 Mann folgte. Bei diesem Transporte wurden allerlei Hindernisse mit dem Ballone bequem überwunden und somit gezeigt, dass der Marineballon sehr wohl auch einer Landungstruppe vom Schiffe auf das Land folgen könne.

Auch die deutsche Marine hat im September 1890 in Verbindung mit der Luftschiffer-Abtheilung die ersten Versuche der Verwendbarkeit des Fesselballons auf einem Kriegsschiffe (dem „Mars") begonnen, über welche die Zeitungen, namentlich die „Post", die eingehendsten Berichte gebracht haben. Dieselben wurden im Jahre 1891 auf

Helgoland fortgesetzt. Bei ruhigem Wetter zeigten sich auch
hier keinerlei Schwierigkeiten für die Handhabung des
Ballons vom ruhenden oder in mässiger Fahrt befindlichen
Schiffe, obgleich für diese Versuche weder ein eigenes Material verwendet wurde, noch auch besondere Vorkehrungen
auf dem Schiffe getroffen waren. Es wurden zahlreiche
Fesselfahrten bis auf 600 Meter Höhe ausgeführt, an
denen sämmtliche Officiere des Schiffes theilnahmen.

„Die Verwendung des Fesselballons im Dienste der
Marine steht somit ausser Zweifel, wird aber viel mehr
noch als auf dem Lande durch die Witterungsverhält-
nisse beeinflusst werden", sagt Lieutenant Gross der
königl. preussischen Luftschiffer-Abtheilung in seinem
hier viel mitbenützten Aufsatze „Der Ballon im Dienste
der Marine". „Ist man daher in Marinekreisen der Ansicht, dass die Recognoscirung durch Ballons vom Schiffe
aus wünschenswerth oder erforderlich ist, so darf man
sich nicht scheuen, hiefür ein ganz besonderes Luft-
schiffermaterial zu construiren und womöglich auch auf
den Schiffen, welche mit einem Ballone ausgerüstet werden
sollen, ganz besondere Einrichtungen sowohl für die
schnelle Füllung als auch für die Sicherheit des ver-
ankerten und hochgelassenen Ballons zu treffen.

Auf hoher See wird die Bedeutung der Recognoscirung von einem Schiffe eines in voller Fahrt begriffenen
Geschwaders mit Hilfe eines Fesselballons wohl nur so
geringe Bedeutung haben, dass es sich kaum lohnen dürfte,
den trotz aller Verbesserungen doch stets umständlichen
Apparat eines Fesselballons sich aufzubürden, da man
bei klarem Wetter von dem Observationsstande des hohen
Mastes weit genug sieht, und bei nicht klarem Wetter
vom Ballone aus ebensowenig sehen kann. Wohl aber
wird der Fesselballon bei der Blockade oder beim Angriffe

eines befestigten Küstenplatzes eine wichtige Rolle spielen können. Seine Aufgaben und Chancen sind hier ungefähr die gleichen wie zu Lande. Er kann sämmtliche Massnahmen der Belagerten, ihre Werke und wichtigen Bauten erkennen, auf diese das Feuer der Geschütze dirigiren und corrigiren, somit den planmässigen Angriff vorzüglich leiten und die Gegenmassregeln des Vertheidigers durch rechtzeitiges Erkennen leicht vereiteln. Es dürfte sich somit doch wohl verlohnen, einem zu derartigen Zwecken zusammengesetzen Geschwader einen Fesselballon mitzugeben und daher an der Vervollkommnung dieser Einrichtung unausgesetzt weiter zu arbeiten.'

Zum Schlusse möchte ich noch darauf hinweisen, dass speciell bei der Marine die Einführung der Fessel-Schraube am allerleichtesten und einfachsten zu bewerkstelligen wäre. Ich bin überzeugt, dass in gar nicht zu ferner Zukunft jedes grössere Kriegsschiff mit einer solchen ausgerüstet sein wird. Auf demselben sind alle Vorbedingungen zur leichteren und einfacheren Lösung der Frage gegeben.

Es sind grosse Dampfkessel vorhanden, welche ganz leicht auch zum Betriebe kleiner Compressoren zu verwenden sind. Da der Raum beschränkt ist, so verdient auch aus diesem Grunde die Fessel-Schraube den Vorzug vor allen Ballons auf Kriegsschiffen. Es ist nur noch die Aufstellung einer permanenten Schlauchtrommel nöthig. Die Laterne ist so zu construiren und zu situiren, dass sie jeden Moment in Function gesetzt werden kann.

Bei den verhältnismässig geringen Kosten, welche Versuche in dieser Richtung beanspruchen, und den daraus höchst wahrscheinlicher Weise erwachsenden günstigen Resultaten erschiene es doppelt angezeigt, dieselben anzustellen.